紛擾先秦 ╳ 亂世三國 ╳ 動盪南北朝 ╳ 威武大唐

流傳千年的高竿玩法

資治通鑑

也要 詐

當 狡猾臣子 槓上 變態皇帝
究竟會鹿死誰手？

龔學剛——著

就地去世已不夠看，竹林七賢把酒高呼「原地埋掉」？
挖眼裂腸浸泡蜜糖，南朝劉子業重口味製「鬼目粽」？
被人暗中密告受賄，大方承認竟能令漢高祖啞口無言？
不只是冷冰冰的史書，從內在修養到外在行動，
讓我們打開《資治通鑑》，一起洞察當中的人生智慧！

目 錄

目錄

前言

　　《資治通鑑》是一部空前的編年體歷史巨著作，也是中國歷史上第一部編年體通史，由北宋著名政治家、史學家司馬光主編，劉恕、范祖禹、劉攽分撰，歷時十九年編寫而成。它繼承了《左傳》寫人敘事的風格，並有所發展。《左傳》最後記載了趙、韓、魏三家滅智伯的史實，司馬光便以三家分晉作為開篇，一直寫到五代十國為止，即上起周威烈王二十三年（西元前四〇三年），下迄五代後周世宗顯德六年（西元九五九年），洋洋灑灑二百餘萬字，記錄了一千三百六十二年的歷史，全面展示了歷朝各代政權的興衰過程，生動具體地描述了帝王將相和先賢明哲們為政治國、待人處事之道。宋神宗認為此書「鑑於往事，有資於治道」，遂賜名《資治通鑑》，並親自撰序。

　　司馬光編纂《資治通鑑》，是要「鑑前世之興衰，考當今之得失」，其指導思想向來被視為輔助統治、提供政治智慧的「帝王之學」。因此，司馬光在編纂的過程中，十分重視天人關係和朝代更替的規律，以及重大的政治和軍事活動。除此之外，凡與加強統治有關的制度、禮樂、品德，以及少數民族的歷史等等，不論是正面的或反面的經驗都收入其中。所以，自成書以來，備受歷代的王侯將相、文人墨

前言

客、史學家們的青睞。史學家胡三省評論此書說：「為人君而不知《資治通鑑》，則欲治而不知自治之源，惡亂而不知防亂之術；為人臣而不知《資治通鑑》，則上無以事君，下無以治民；為人子而不知《資治通鑑》，則謀身必至於辱先，作事不足以垂後。」

《資治通鑑》參考了正史、野史、傳狀、話錄、奏議等兩百餘種相關資料，內容博大精深，記事求實考信，兼收並蓄，拾遺補闕，文辭優美，通古今之變，成一家之言，有「網羅宏富，體大思精，為前古之所未有」之讚譽。《資治通鑑》卷帙浩繁，內容龐雜，它的體例是編年體通史，以時間為敘述線索，許多歷史事件被分割在各個不同的章節中，同時原著古文相對晦澀難懂，令一些現代讀者望而卻步，無法親其芳澤，領略其神韻。鑑於此，編者從原著中遴選出大量的人物歷史故事，在忠實於原著的基礎上，用白話文展開生動的敘述。

本書力求語言簡潔、表達準確、故事情節精采，使讀者在閱讀過程中，從古代帝王將相、先賢聖哲的身上汲取智慧，總結經驗教訓，不斷提升自己的才智謀略，加強自身的道德修養，因而使自己的人生之路走得更加順暢。

第一章　仁義禮智篇

第一章　仁義禮智篇

═ 智商鞅立柱施新法 ═

　　周顯王八年（西元前三六一年），秦國秦獻公去世，其子秦孝公繼承大統。秦孝公年僅二十一歲，雄心勃勃，心懷大志，一心想做出一番大事業。他決心變法圖強，改變國勢衰微的處境。為了能得到匡扶國運的濟世賢才，秦孝公張榜天下：凡有人能獻出奇計，使秦國富強，不論何人，一律重用並賜之封地和財寶。

　　此榜張貼出去後，舉國沸騰，人們議論紛紛，猜測究竟有沒有人能擔起如此大任。這天，人們又圍在榜文前開始議論。忽然聽得身後傳來一聲高喝：「讓一讓！讓一讓！」話音尤落，來人已經穿過人群，揭榜在手了。人們定睛一瞧，此人相貌堂堂，舉止儒雅，面對眾人的圍觀泰然自若，面不改色，此人正是商鞅。

　　商鞅姓公孫，名鞅，是衛國 [001] 宗族旁支的後裔，故稱衛鞅，後封於商，人們又叫他商鞅。商鞅才華橫溢，頗有盛名，他認為衛國過於弱小，無法施展自己的才華，便轉投魏國，但仍然沒能得到重用。正當他鬱鬱不得志的時候，得知秦孝公招募賢才，便來到秦國揭了榜。

　　看守榜文的士兵見有人揭榜，不敢怠慢，隨即請商鞅入宮覲見秦孝公。一見秦孝公，商鞅侃侃而言，足足說了半個

001　衛國：現在的河南北部與河北南部一帶。

時辰，才把富國強兵的辦法說完。秦孝公聽了，深深被商鞅的才華所折服，高興地起身繞室踱步，口中不住嘆道：「秦國興起有望！」遂任命商鞅為左庶長[002]，開始制定法令，這就是有名的商鞅變法。

等法令詳細制定出來後，商鞅擔心如果馬上公布，恐怕百姓不會輕易相信，難以樹立法令之威，於是在國都的南門立了一根長約三丈的木柱，並下令說：「誰能把木柱扛到北門，獎賞他十金。」很快，柱子的周圍就圍了很多百姓，他們有些狐疑：這根柱子不是很重，扛到北門也不難，為什麼要懸賞這麼多金子呢？此事太過蹊蹺，結果沒有人去扛。商鞅見狀，知道百姓還是不信任自己，於是又把賞金提高到五十金。人群經過短暫的沉默後，一位彪形大漢從人群中走出來，對商鞅鞠了個躬，粗聲粗氣地說：「大人，我來試一試！」說著，扛起木柱就走，不一會兒就到了北門。商鞅十分高興，遵守諾言賞了他五十金。見大漢輕鬆得了金子，百姓豔羨的同時，也開始相信商鞅的話。商鞅見時機成熟，便開始頒布新法令。

雖然商鞅在推行法令的過程中，遇到很多阻力，但在秦孝公的支持下，商鞅仍然堅定地執行新法令，就這樣不到幾年，秦國開始慢慢強大起來。

002　左庶長：爵位名。秦、漢二十等爵的第十級。

第一章 仁義禮智篇

新法令實行十幾年後，秦國國力更盛，國庫豐盈，百姓富足，路不拾遺，山無盜賊，臣民勇於為國而戰而怯於私鬥。這無疑為秦國後來兼併六國、統一中國打下了堅實的基礎。

【古今通鑑】

搬運一根木柱並非難事，關鍵是以此樹立價值千金的誠信。商鞅深知變法必須建立在誠信的基礎上，所以他始終堅持當初扛柱說到做到的變法信條，因此新法令才得以推行、實施。

古人云：「人無信不立。」小到個人，大到團體甚至國家，如果不守信用，則是自取滅亡。誠信，即誠實，守信用。誠信是一個人立身社會的第一準則，只有誠信做人才能贏得別人的尊重和信任，才能讓自己的靈魂發光。

═ 施仁政文侯成霸主 ═

魏文侯姓魏名斯，於西元前四四五年，繼魏桓子繼位，建立魏國。他在位期間，禮賢下士，拜卜子夏、田子方為相，輔助自己處理國家政務；任命樂羊、吳起為將軍，統領

兵馬，維護國家安定。魏文侯宵旰勤政，孜孜求治，不出幾年，魏國大治，成為戰國時代的首強，一度稱雄於中原。魏文侯之所以能成就霸業，與其品德有很大關係。

一天，魏文侯與群臣聚宴，美酒佳餚，交杯換盞，又有美姬歌而舞之。正當眾人酒興正濃之際，外面忽然狂風大作，電閃雷鳴，立時，暴雨傾盆。魏文侯放下酒樽，命左右準備馬車。群臣不解地問道：「現在外面狂風驟雨，不知國君因何事要冒雨前往？」

魏文侯道：「兩天前我與圍場的官員約定今日前去圍獵，但突然下雨，我必須去告知他們不準備圍獵了。」一位大臣勸阻道：「國君乃天下之主，若是淋雨受寒，我等如何能擔待得起！我願替國君一行。」魏文侯斷然拒絕道：「不行，明明是我與別人約定，你怎能替我代勞呢？是我失約在先，理應向人家道歉。」說罷，出門駕車而去。四方賢士聽聞此事，紛紛前來投奔魏文侯。

一次，韓國派謀士遊說魏文侯聯手討伐趙國。魏文侯道：「我與趙國是兄弟之邦，怎能同室操戈？」不久，趙國也派使者向魏文侯借兵攻打韓國，魏文侯以同樣的理由拒絕了。後來，趙、韓兩家國君得知魏文侯對自己和善的態度，十分感慨魏文侯的深明大義，都前去朝拜，忠心臣服。魏國由此成為魏、趙、韓三國之首，各路諸侯皆無法與之爭霸。

第一章　仁義禮智篇

後來，魏文侯見國運昌盛，兵強馬壯，遂有征討中山國[003]之意。於是任樂羊為將，命兒子魏擊隨軍歷練，出兵征討中山國。吞併中山國後，魏文侯封魏擊為中山君。事後，魏文侯問群臣道：「你們認為我是一位什麼樣的君王？」群臣齊聲讚嘆道：「您乃仁義之君！」只有任座[004]垂首沉默，魏文侯便問他為何不說話。

任座這才道：「您的弟弟勞苦功高，您得了中山國，應該封給他，但您偏偏封給自己的兒子，這算是什麼仁義之君？」魏文侯勃然大怒，正要喝令左右拿下任座時，任座見勢不利己，立刻轉身而逃。魏文侯餘怒未消，又問翟璜[005]：「你說，我究竟是一個什麼樣的君王？」

翟璜答道：「您是自古以來少見的仁德之君！」魏文侯道：「哦？何以見得？」翟璜道：「臣聽聞如果一個國家的國君是仁德之君，那他的臣子則會犯言直諫。方才任座說話耿直，因此我得知您是一位仁德之君。」

魏文後大喜，忙令人追回任座，奉他為上賓。

003　中山國：前身為北方狄族鮮虞部落。
004　任座：生卒年不詳，戰國初期魏國建立者魏文侯的謀士。
005　翟璜（ㄓㄞ ˊ ㄏㄨㄤ ˊ）：戰國時期魏國的相，輔佐魏文侯，又名翟觸。

【古今通鑑】

魏文侯集儒家思想和法家思想於一身，博採眾長，根據治國的需要以及當時社會發展的所需，對儒、法兩家的思想去蕪存菁，擇善而從。經過他一番大刀闊斧的改革後，國家日漸強盛。除此之外，他能知人善任、求賢若渴、聞過則喜，所以他能成為一代明君。

═ 負荊行廉頗傳佳話 ═══════

廉頗是戰國時期趙國的將軍，驍勇有謀，能征慣戰。趙惠文王十六年，廉頗出兵征討齊國，幾戰幾捷，不久攻下晉陽，被封為上卿[006]。從此，廉頗名揚天下，威震眾多諸侯國。

一次，趙惠文王得到一塊千年不遇的寶玉，名曰和氏璧，極其珍愛，時常拿出來把玩。卻想不到被秦昭王得知，便提出願以十五座城池換取和氏璧。趙王深知秦王乃虎狼之輩，表面看似以城換璧，實則是設計暗奪，便派藺相如持璧出使秦國。到了秦國後，藺相如憑著三寸不爛之舌駁得秦王啞口無言，奪回和氏璧，而後全身而退，從此聲名鵲起，備受趙王的寵信。

---

006 上卿：古代官名。戰國時爵位的稱謂，一般授予勞苦功高的大臣或貴族。相當於丞相（宰相）的位置。

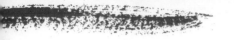

第一章 仁義禮智篇

秦王騙璧不成，惱羞成怒，多次發兵征討趙國，奪城池數座。後來，秦王突然又改變主意，告之趙王不再征討趙國，願意罷兵和好，並邀請趙王到黃河邊的澠池相聚。趙王深知此次赴約，必定凶多吉少，一時不知如何是好。此時，藺相如挺身而出，表示願意與趙王一同前往，生死與共。廉頗護送趙王和藺相如出境，前往秦國，並屯兵邊境，以應非常之變。

在澠池會上，秦王為侮辱趙王，藉口喝酒助興，迫使趙王為其鼓瑟[007]。藺相如為了替趙王挽回顏面，欲以命相搏，迫使秦王為趙王擊缶[008]。秦王深知再這麼鬧下去，必會惹惱趙國，騎虎難下，所以未敢輕舉妄動，客客氣氣地送趙王回去了。回國後，趙王表彰了藺相如的功績，並封其為上卿，官位在戰功卓著的廉頗之上。

廉頗聞之大怒道：「吾攻城掠地，南征北戰數十年，又忠心保主護國，不敢誇耀戰功赫赫，但也算是忠心不二。藺相如匹夫，既無寸土之功，也非興國安邦之才，卻憑一張利口巧言榮升，位居老夫之上，是可忍，孰不可忍！」揚言若是碰到藺相如的話，非羞辱他一番不可！

很快，藺相如的門客便把這件事告訴了藺相如，藺相如聽後淡然一笑，卻不肯說廉頗半點不是，相反肯定廉頗寶刀

007　鼓瑟：瑟，古代撥絃樂器的一種，形似古琴。鼓，在古詩文中與「琴」、「瑟」聯用一般作動詞，彈奏、敲擊的意思。
008　缶（ㄈㄡˇ）：一種瓦器，用以盛酒漿。

未老，將來還會再建奇功。從此，藺相如為了避免與廉頗發生正面衝突，託病不朝。

一次，藺相如乘車出行，走至半途，忽見廉頗在數十位兵卒的簇擁下，騎著高頭大馬迎面而來，忙命人掉頭返回。他的門客認為藺相如膽小如鼠，遂不滿道：「您貴為上卿，一人一下，萬人之上，廉頗雖戰功赫赫，不過是一介武夫罷了，您為什麼要避開他呢？」紛紛表示要離開他，改投別家。

藺相如誠懇地說道：「你們且聽我說完，是去是留，再做決定也不遲！」眾門客點頭應允。

藺相如問道：「依你們之見，秦王與廉頗相比，誰更厲害？」眾門客答道：「自然是秦王更厲害。」藺相如笑道：「秦王凶殘無比，天下皆知，我敢在秦國的土地上與秦王對峙，使其不敢柰何我，這樣的人我都無所畏懼，難道還會懼怕廉頗老將軍嗎？我國正是有廉頗，秦國的軍隊才不敢踏入我趙國半步！兩虎相爭，必有一傷，倘若我與廉頗不和，非要一爭高下，秦國必會趁隙起兵，進犯我境，趙國危矣！」眾門客皆面露羞色，伏地向其道歉。

廉頗聽聞此事後，感嘆道：「藺相如乃真丈夫也！」遂脫去上衣，赤裸上身，背負荊條，到藺府中請罪，藺相如趕忙快步上前，扶起廉頗，邀入屋內。從此，兩人成為至交，齊心輔助趙王。

第一章 仁義禮智篇

【古今通鑑】

> 藺相如平日靜若處子，但在危機關頭，為了維護國家的利益和主公的顏面，能挺身而出，置生死於不顧，彷彿一頭發怒的雄獅，成為無數後代文臣效仿的楷模；廉頗雖年長，武功卻不老，脾氣也漸長，他如同一個老頑童，不服氣就要怒聲高罵，氣極或許還會動武，但他轉圜自如，認為有錯就改，負荊就請罪，不覺丟臉。讓人覺得可愛又由衷佩服！藺相如品德俱佳，雍容大度，能諒人之過，同樣使人折服！

═ 入咸陽劉邦三約法 ═

　　西元前二〇六年十月，劉邦率領大軍率先進入關中 [009]，駐軍灞上 [010]，拿下咸陽指日可待。期間，趙高為了自保，派遣心腹，以搜捕盜賊為名，闖入宮殿，殺了秦二世，擁立秦二世哥哥的兒子子嬰即位。子嬰深知趙高素來有虎狼之心，是自己的心腹大患，便設計殺了趙高，誅其三族。

　　秦王子嬰眼見劉邦的軍隊頻頻打敗自己的軍隊，深知大

009　關中：關中，或關中平原，指中國陝西秦嶺北麓渭河沖積平原，平均海拔約五百公尺，又稱關中盆地，其北部為陝北黃土高原，向南則是陝南山地、秦巴山脈，為陝西的工、農業發達，人口密集地區，富庶之地，號稱「八百里秦川」。

010　灞上：古地區名，因初灞水西高原得名。在今陝西省西安市東南，藍田西。

勢已去，再無回天之力，便帶領眾大臣去灞上投降劉邦。子嬰頸項間繫著繩子，以示自己該服罪自殺。他的馬車上掛著縷縷素縞，迎風飄揚，獵獵作響。

到了灞上見到劉邦後，子嬰忙伏地叩頭，雙手捧上封好的皇帝玉璽。劉邦見跪在自己腳下這位只做了四十六天的皇帝，心中感慨不已，親自扶起子嬰，好言勸慰，將他留在軍中派人看管。

有人建議劉邦處死子嬰，劉邦卻置若罔聞，起身走到外面，登高眺望，看著依稀可見的咸陽城，語氣凝重地說：「當初懷王[011]派我來此地的初衷，就是認定我能寬容待人，不忍塗炭生靈。更何況子嬰主動投降，殺了他也不吉利。」

次日，劉邦率軍浩浩蕩蕩地進入咸陽城。兵將們知道發財的機會到了，個個興奮地摩拳擦掌，直奔秦朝儲放金銀布帛的庫房，瓜分那裡的財寶，一時間爭奪聲、叫罵聲不絕於耳，更有甚者還刀劍相向。只有蕭何在第一時間去了秦朝丞相府中，將一些地理圖冊、文書等珍貴檔案加以分類、登記造冊。這無疑有助於劉邦能全面了解天下山川要塞的分布、人口的多少以及財物的多寡。

別說那些粗魯的兵將，就連征戰沙場多年的劉邦進入阿

011　懷王：歷史上有兩個楚懷王，一個是戰國時楚懷王熊槐，被騙客死在秦；另一個是秦末的熊心，初被立為「楚懷王」，旋即被尊為「義帝」，是「亡秦」戰爭中的精神領袖，後為項羽謀殺。

第一章　仁義禮智篇

房宮後，也被富麗堂皇的宮殿弄迷糊了。他看著周圍數不盡的財寶，用手摸摸，無聲一笑，恍恍惚惚地走進內宮，卻見侍立著數十位美若天仙的宮女，劉邦頓覺一陣暈眩，躺在那張寬大的龍床上，一時不願意起來。這時，樊噲走進來對劉邦說：「您是想成為一個富翁呢？還是想得天下呢？秦朝正是因為貪圖這些奢侈華貴之物才亡了國，您要它有什麼用呢？」這時張良也走進來，伏地叩頭進諫道：「樊噲言之有理。秦朝正因為不遵循天道，殘害忠良，所以您才有機會來到這裡。現在您剛入秦城，應該盡快安撫民心，不能安於享樂，否則就是『助桀為虐』了。」

劉邦聽了，幡然醒悟，從床上一躍而起，下令軍隊封庫，不得擾民，然後率軍返回灞上。

隨後，劉邦召集各縣的父老，對他們說：「秦朝不施行仁政，你們的日子過得苦不堪言，從今天起，我宣布秦朝的法令全部廢除。此外，我和諸位父老約法三章：第一、濫殺無辜者處死；第二、故意傷人者辦罪；第三、偷竊者辦罪。」

百姓們聽後，欣喜萬分，家家宰牛殺羊款待劉邦的軍隊。劉邦卻堅持不受，他說：「糧倉還有很多糧食，我們已經足夠了，請鄉親們不要操心了。」

百姓們聽了更加高興，唯恐劉邦不入關稱王。

【古今通鑑】

得民心者得天下。劉邦率先入關，廢秦法，又與關中父老約法三章，為的就是贏得民心，得到百姓的支援和擁護。雖然這個「民」不一定就是受苦受難的普通百姓，因為劉邦主要籠絡的還是地方豪傑和有威望之人。但如此一來，老百姓必然會受到恩惠。劉邦這一舉措做得十分巧妙，這也注定他日後能奪取天下，登上了九五之尊的寶座！

張釋之制法為天下

漢文帝年間，南陽⁰¹²人張釋之擔任騎郎⁰¹³。任職十年間，他沒得到重用，升遷無望。張釋心灰意冷，決定辭官回鄉。此事恰好被人們稱為「無雙國士」的袁盎知道了。袁盎因性格正直，勇於直諫名動朝野，他知道張釋之德才兼備，是個難得的人才，便極力向漢文帝劉恆推薦他，漢文帝就將張釋之提拔為謁者僕射⁰¹⁴。

一次，漢文帝因久居宮中，心中甚是煩悶，便帶著張釋

012　南陽：今河南方城。
013　騎郎：侍從官，負責守護皇宮或外出護駕。
014　謁者僕射：官名，是皇帝近臣中的長官。

第一章　仁義禮智篇

之去上林獵苑[015]，觀看老虎和其他動物。看完之後，漢文帝詢問苑中有多少種動物，牠們各自的生長狀況，以及生活習性等等，一口氣提出十幾個問題。只見那位管理上林苑的上林尉被問得臉色慘白，張皇四顧，一個問題也沒答上來。眼看漢文帝就要發怒之時，管理虎圈的小吏嗇夫抓住機會走上前來，回答了漢文帝所有的問題。他回答完美，條理清楚，企圖得到漢文帝的賞識。

漢文帝聽完嗇夫的回答，點點頭，嚴厲斥責上林尉道：「你每年領取朝廷不少俸祿，為何卻這般無能？難道這就是為官之道嗎？」漢文帝越說越生氣，最後喝令張釋之寫詔，免去上林尉的官職，讓嗇夫接任，掌管上林獵苑的所有事宜。張釋之馬上動手研磨，頃刻就磨就一池墨來，但他只是提筆不停地儒墨，不見動筆，漢文帝問他為何不寫。張釋之見漢文帝情緒有所緩和，這才說道：「在您看來，絳侯周勃[016]是個什麼樣的人呢？」

漢文帝說道：「周勃勞苦功高，一心為國，是長者！」張釋之又問道：「那麼東陽侯張相如[017]是個什麼樣的人呢？」漢文帝說道：「張相如德高望重，一心為民，也是長者。」

張釋之說道：「陛下言之有理。微臣也認為這二人有經天

015　苑：大型的山林動物園，漢代叫苑。

016　周勃：秦末漢初的軍事家和政治家、西漢開國功臣。

017　張相如：西漢大將。

緯地之才，可是這二人都不善辭令，每次上朝議政之時，不都是結結巴巴，表達不清自己的意見嗎？而陛下卻要輕信伶牙俐齒的嗇夫嗎？倘若如此，豈不是告知天下陛下喜歡有口才之人嗎？這樣一來，朝廷所有官吏一定會迎合陛下之好，苦練口辯之才，以此獲得升遷。陛下知道，秦朝任用了大量能說會道的官吏，他們巧言粉飾太平，從來不做實事，對外有壓榨百姓之過，對內有欺君之罪，結果到秦二世時，橫征暴斂，國家動盪，黎民塗炭，爆發了陳勝吳廣起義，秦朝也就分崩離析，不復存在。所以，陛下裁決此事萬不可大意啊！」漢文帝聽後，也覺得十分在理，便收回成令，沒幫嗇夫升官。

回宮之後，漢文帝反覆思考張釋之的話，越覺得有理，暗自慶幸自己能得張釋之這樣的賢臣，遂又加封他為公車令，擔任皇宮內外的職責。

一次，太子和梁王同乘一輛馬車入宮覲見漢文帝，馬車行至皇宮內門時，一個兵卒要求他們下車，太子聞言大怒，打了那個兵卒一頓巴掌，然後重新駕車入宮。張釋之聞訊趕來，追了上去，將車攔下，要求太子和梁王下車，步行入殿覲見漢文帝。太子自恃身分尊貴，哪裡肯聽，對張釋之惡語相罵，梁王也在一旁火上澆油。

張釋之卻置若罔聞，攔在馬車前，不許前進半步。正當

雙方僵持不下之時，漢文帝得知此事，傳旨命太子和梁王步行入殿覲見，並給予處罰。

從此，文帝更加欣賞張釋之這種不畏權貴、執法公正的精神，遂升他為廷尉，掌管全國律令刑法之責。

【古今通鑑】

張釋之鐵面無私，不畏權貴，不徇私枉法，有罪必罰，違法必究，依罪量刑，這種以法治國的精神深得民心，當時就有「釋之為廷尉，天下無冤民」的讚語。為了能讓後輩學習張釋之秉公辦事、光明正大的品德，人們在他的家鄉修建了張釋之祠。

═ 盡忠心汲黯留青史 ═

西漢武帝劉徹雄才蓋世，文治武功，任賢用能，北拒匈奴 [018]，東收朝鮮，南誅百越 [019]，西征蔥嶺 [020]，降大宛 [021]，奠定了中華疆域的版圖，功業輝煌，堪稱一代雄主。

漢武帝在位期間，求賢若渴，從流如諫，因此造就了許

018　匈奴：北方民族，祖居在歐亞大陸的游牧民族，由古北亞人種和原始印歐人種的混合。
019　百越：中國古代南方越人的總稱。
020　蔥嶺：帕米爾高原，中國古代稱不周山、蔥嶺，古絲綢之路在此經過。
021　大宛（ㄩㄢ）：古代中亞國名。

多治世能臣，汲黯就是其中代表之一。

汲黯，濮陽人，名門之後，祖上七世皆為卿大夫[022]。他性情耿直嚴肅，無法容人之過，常犯顏直諫，痛批龍鱗，雖三番兩次惹怒有些剛愎自用的劉徹，但劉徹又愛其忠心，不忍責之。

當時，劉徹極其推崇儒家，遂下令「罷黜百家，獨尊儒術」，以標榜自己以仁治國的決心。汲黯知道劉徹生性貪婪，所以在一次朝會上，他毫不留情地直斥劉徹道：「陛下廣招儒生，說要修治堯舜盛世，您表面上說要施行仁政，但卻不遏制內心的欲望，這豈不是自相矛盾？」劉徹聽後，容顏頓失。滿朝文武也皆失色，紛紛斥責其狂妄。

退朝之後，同僚之中有個人對汲黯好言相勸道：「你不諳為官之道，怎能如此魯莽？以後進諫時，一定要為陛下留好下臺之階。」汲黯卻不屑道：「欲望是區分儒道治世之別。道家講究無欲，唯有無欲，百姓才能休養生息，有欲則是亂世之根；再看儒家，表面上以仁義之貌示人，其實內心欲望膨脹。所謂效仿堯舜治國之道，其實是儒家本來欲望所致。你我同朝為官，更應該盡心輔助陛下治理天下，怎能刻意逢迎陛下因而陷陛下於不義之地呢？」言罷，拂袖而去。

汲黯不僅勇於直諫，而且愛民如子，但凡遇到百姓有

022　卿大夫：西周、春秋時國王及諸侯所分封的臣屬。

第一章　仁義禮智篇

難，他必會義無反顧予以援助。一次，河內郡[023]失火，燒毀房屋數座，劉徹便派遣汲黯前往視察火災。汲黯去了之後才發現，火災損失不大，不足為慮，倒是當地發生了洪澇之災，澤園千里，十室九空，災民遍地，以至於父子相食。

面對如此慘狀，汲黯惻然不忍卒睹，當即來到地方府衙，表明身分，亮出劉徹賜給他的符節[024]，代傳劉徹旨意，命官員開倉放糧，賑濟災民。

汲黯深知此舉雖使災民得救，卻犯了假傳皇命之罪，必會引來殺身之禍。但生死有命，該來的是躲避不了的，不如隨順自然，坦然受之。剛返回朝廷，汲黯便交出符節，自陳引罪，請求劉徹治罪。劉徹鑑於其為國為民的一片赤膽忠心，下令免於究辦。

汲黯調任東海[025]太守[026]時，遵循道家的無為而治，以清靜為務，治官理民，擇其大者而治之，其小處，則任民自擇。汲黯體弱多病，常常躺在床上休息，實行「臥而治之」。不出一年，東海大治，百姓生活富足。劉徹得知後龍顏大悅，下詔表彰了他一番，又調任他為淮陽[027]太守，他依

023　河內郡：中國古代地名、行政區劃。
024　符節：中國古代朝廷傳達命令、徵調兵將以及用於各項事務的一種憑證。
025　東海：今江蘇省東海縣。
026　太守：原為戰國時代郡守的尊稱。西漢景帝時，郡守改稱為太守，為一郡最高行政長官。
027　淮陽：今河南省東部。

然如法炮製，結果淮陽又大治。

汲黯一生擔任最大的官職是主爵都尉[028]，位列九卿[029]。擔任官職期間，廉潔奉公，一心為民，死後家無餘資，這在封建官場濁多清少的環境中，他可謂是佼佼者。

【古今通鑑】

> 當初淮南王劉安招兵買馬，意圖謀反，視滿朝文武如草芥，卻唯獨害怕汲黯，曾感嘆道：「漢廷大臣，獨汲黯好直諫，守節死義，難惑以非，至如說丞相弘等，如發蒙振落耳！」
>
> 堂堂淮南王權大勢威，兵士扈從如雲，卻忌憚一個手無縛雞之力的文臣！可見汲黯的政治品格和個人魅力的威懾之力不可小覷。也正是如此，汲黯得以名流千古，成為後世一些諍諫名臣學習的楷模。

蘇武牧羊名留千古

秦漢時期，北方的匈奴一直覬覦中原[030]這塊肥美之地，對當時的朝廷構成了極大的威脅。秦朝時期，匈奴出兵公然

028　主爵都尉：漢代官名。
029　九卿：指的是中央政府九個主要的官職，通常也以此來表示整個朝廷。
030　中原：是一個地域概念，是指以河南為核心延及黃河中下游的廣大地區。

第一章　仁義禮智篇

侵犯中原，以為可以踏平中原，卻不曾料到一腳踢到蒙恬[031]這塊硬鐵板上，被打了個落花流水，大敗而回，十年莫敢進犯中原一步。

後來，秦朝滅亡，楚漢爭霸[032]，中原大亂，再無閒暇顧及北方。匈奴多年養精蓄銳，兵厲馬疾，在冒頓[033]單于[034]的率領下，揮鞭南進，攻城屠邑，無惡不作，侵占了中原不少土地。

西漢建立後，天下初定，百廢待興，高祖劉邦再無精力平定匈奴，只能以「和親」政策，安撫匈奴，遠嫁公主，贈送糧食財物無數。在劉邦諸多的舉措下，匈奴雖罷兵，卻仍然頻繁襲擾漢朝的邊境。

一直到漢武帝劉徹即位後，勵精圖治，國富兵強，決定興兵攻打匈奴。匈奴自知不敵，開始畏懼，派來使者求和，同時把漢朝派出的使者放了回來。劉徹想既然是匈奴主動提出求和，若是興兵，則會理屈與人，不如順水推舟，共修太平盛世，遂同意求和，並派中郎將[035]蘇武手持符節，帶著副手張勝和隨行人員常惠，出使匈奴。

031　蒙恬：秦始皇時期的著名將領，被譽為「中華第一勇士」。
032　楚漢爭霸：是中國歷史上在秦朝滅亡之後，以西楚霸王項羽、漢王劉邦為首的兩大政治軍事集團為爭奪統治權而進行的大規模戰爭。
033　冒頓：冒頓是人名，姓攣鞮（ㄌㄩㄢˊ ㄉㄧ），是匈奴族中第一個雄才大略的軍事家、統帥。
034　單于（ㄔㄢˊ ㄩˊ）：是匈奴部落聯盟的首領稱號。
035　中郎將：漢朝武官官名，級別分：將軍、中郎將、校尉三級。

蘇武牧羊名留千古

　　蘇武到達匈奴不久，正趕上一起事變。有個從小在漢朝長大的匈奴人叫衛津，後投降匈奴。衛津比較有才能，因此得到單于的器重，被封為王。衛津有個叫虞常的部下，因一次過失，被衛津責罰，遂生怨恨之心。虞常與蘇武的副手張勝是好友，一次兩人喝酒，虞常豪飲數十杯，豪氣干雲，咬牙切齒地說要先殺衛津，再劫持單于的母親，逃回中原。張勝知道虞常被責罰之事，以為他說的不過是氣話，並未放在心上。哪知虞常卻真的動手了，不過他非但沒成功，反被匈奴兵生擒。單于大怒，限期讓衛津破案，查出幕後的指使者。

　　張勝聽說後，不禁大駭，生怕連累自己，便去找蘇武商討對策。蘇武初聞之時也是一驚，不過他很快就鎮定下來，說道：「此事不僅關係到你，更會牽涉到我，你我必會成為階下之囚，那時豈不是讓朝廷丟臉？」說罷，準備拔刀自刎，卻被張勝攔下。

　　虞常受不過酷刑，只說謀反之事只和張勝知道，但卻不肯承認與他同謀。單于聞之大怒，要斬殺蘇武，卻被左右侍臣勸阻了，單于又讓衛津逼迫蘇武歸降自己。蘇武卻堅決不降，拔刀自刎。衛津大驚，搶步上前奪刀，卻稍晚一步，蘇武的脖子血湧如泉，頓時昏死過去。衛津立刻叫人搶救，蘇武這才保住了性命。不久，蘇武傷癒，單于還想讓他歸順，

第一章　仁義禮智篇

便讓衛津提審虞常，讓蘇武旁聽。衛津先對虞常定了死罪，當場押出斬首。衛津又拔劍指著張勝，作勢要刺，張勝嚇得面如土色，「撲通」一聲跪在地上，投降了。

衛津又對孫武說道：「張勝有罪，恐怕你也得連坐，不如趁早歸降，免受皮肉之苦。」蘇武凜然道：「我與張勝非親非故，又沒與他同謀，豈有連坐之理？」又大罵衛津反叛朝廷，乃賣主求榮之輩。衛津氣得臉色鐵青，卻又奈何不得他，只好如實向單于稟告。

單于便把他關押起來，不提供食物和衣服給他，企圖使蘇武屈服。時值隆冬，天降大雪，蘇武渴了便化雪而飲；餓了就吃一些茅草充飢。過了一段時間居然沒餓死。

單于見折磨沒用，便令蘇武到北海 036 牧羊，和他的部下常惠分隔開了，不讓他們通信，並對蘇武道：「等公羊生夠一群小羊的時候，你就可以回去了。」

牧羊期間，單于多次派人讓蘇武投降，但每次都被蘇武拒絕了。就這樣，十九年後，已是風燭殘年的蘇武憑藉努力，才得以回到漢朝。

036　北海：今貝加爾湖。

【古今通鑑】

蘇武忠貞不渝的愛國情懷不禁讓我輩嗟嘆感慨！可以想像到，當白髮隨風飄揚、身軀佝僂的蘇武，手持那根磨得油光發亮的符節回到繁華的長安時，看著夾道歡迎他的人民，或許他會感慨能在有生之年回歸故里，落葉歸根，不用客死他鄉。至於別的，他可能沒多想，為了國家的尊嚴和氣節，他是本著良心留居匈奴而持節不屈，或許他想不到千百年後，有個叫司馬光的人會把他的故事寫進《資治通鑑》。

竹林七賢不拘禮法

三國魏末時，是最不和平的時期。司馬懿父子三人與魏室宗親曹爽的政治集團，為爭奪政權，進行了殘酷的鬥爭，致使朝政荒廢，社會動盪不安，民不聊生。一些飽學之士除報國無門外，還有性命之憂。所以他們寄情於山水，遨遊於名山大川，蔑視禮法，縱酒賦詩，不問政事。其中以嵇康、阮籍、山濤、向秀、劉伶、阮咸、王戎最為知名，號稱「竹林七賢」。

譙郡 [037] 人嵇（ㄐㄧ）康，容貌俊逸，才高八斗，文章流

037　譙郡：今亳州市譙城區。

第一章　仁義禮智篇

暢、辭藻優美，工音律，品德高尚，性情豪爽俠義。嵇康因不滿司馬昭的統治，歸隱泉林，每日以讀書為樂，空閒時則以打鐵鑄劍為趣。朝中有個叫鍾會的，精明狡詐，工於心計，很得司馬昭的歡心。當時嵇康已聞名天下，鍾會慕名前去拜會，卻見嵇康正在專心打鐵，視其為無物。鍾會等了半天，卻不見嵇康起身迎接，平日習慣前呼後擁的鍾會，如何能忍受這種不禮之遇？心中十分不快，正欲離去時，嵇康問道：「你聽到什麼才來？又看到什麼要走？」鍾會冷笑道：「聽到我聽到的才來，看到我看到的才走。」之後，對嵇康恨之入骨。嵇康曾拜訪隱士孫登，兩人一見如故，大有相見恨晚之意，把酒言歡，徹夜長談。次日，嵇康拜別時，孫登囑咐道：「你雖才華橫溢，卻不通世故，日後做人行事當慎重，以免招來殺身之禍！」沒想到，孫登一語成讖。

當時山濤擔任吏部郎[038]，因過於拘束，便舉薦嵇康接替自己的官職，嵇康回信拒絕道：「做官豈是我等能勝任之事？」信中借菲薄商湯王[039]和周武王[040]得天下之不義影射司馬昭。司馬昭覬覦曹魏天下已久，嵇康此言直戳司馬昭痛處。他聽說後勃然作色，遂起誅殺嵇康之心。

嵇康與名士呂安是好友，關係密切，常在一起煮酒論

038　吏部郎：古代官名。
039　商湯王：商朝的創建者。子姓，名履，人稱商湯，又稱武湯、天乙、成湯。
040　周武王：西周王朝開國君主。周文王次子姬姓，名發，謚武。

詩。後來呂安被其兄誣告不孝，將被流放邊疆，嵇康出面為
其澄清。鍾會見機會難得，正好報嵇康的不禮之仇，遂向司
馬昭進言道：「嵇康、呂安自恃有才，放浪形骸，言行不檢，
再加之他們頗有名望，必會擾亂政治、毀壞禮教，不如殺
之。」司馬昭早有殺嵇康之心，再加之鍾會一番推波助瀾，
嵇康和呂安被殺。

　　阮籍曠逸不羈，才名赫赫，司馬昭愛其才華，曾賜給他
一個小官做，阮籍欣然接受，騎驢上任。剛到衙門，阮籍便
喝令衙役拆牆挖洞，把府衙弄得一團糟，累得衙役神衰骨
散。就這樣折騰了十幾天，或許是阮籍玩夠了，便又騎驢而
去，不知所蹤。後來，阮籍再度出現，主動要求當官，司馬
昭便讓他擔任步兵校尉[041]。原來，阮籍酷愛飲酒，聽說步兵
營中有個伙夫擅長釀酒，且地窖藏有美酒幾百斛[042]，他是為
酒而來的。

　　阮咸個性率真，與姑姑的婢女有青梅竹馬之好。姑姑棒
打鴛鴦，要帶婢女返家，阮咸當時正與文友飲酒作詩，聽到
消息後，向朋友借了一匹馬，飛奔追上，奪回婢女，不多時
便和她同騎一匹馬而返。

　　劉伶生性曠達，嗜酒如命更甚他人，常常坐一輛小車，

041　步兵校尉：武官官名。
042　斛（ㄏㄨˊ）：中國舊量器名，亦是容量單位，一斛本為十斗，後來改為五
　　斗。

第一章　仁義禮智篇

手擎酒壺，高歌而行，好比散仙。他還讓家僕手持鐵鍬，跟在車後，說：「若是我醉酒而死，你就在原地把我埋掉。」

　　司馬炎建立西晉後，封王戎為高官。王戎在位而不謀其政，不在乎個人升遷得失，所有政務一律交予手下官員打理，他則外出遊玩。

【古今通鑑】

> 　　魏晉時代的動盪不安造就傲然於世、唯求自由的竹林七賢。他們在文學、藝術、哲學等方面都有很高的成就和造詣，對後世的文人名士，乃至整個中國文化都產生了深遠的影響。他們推崇老莊之學，崇尚自然，不拘法禮，反對虛偽的禮教，不貪虛名和富貴，不輕賤百姓，處事逍遙，是真正的君子俊傑，他們的光輝震古鑠今。

＝顏真卿氣節驚藩鎮＝

　　經過七年安史之亂，強盛的唐朝如日落西山，逐漸走向衰落。各地的節度使 [043] 擁兵自重，早有不臣之意，現在見時

043　節使度：中國唐代開始設立的地方軍政長官。因受職之時，朝廷賜以旌節而得名。

機成熟，便興兵爭奪地盤，最後形成藩鎮[044]割據的局面。

唐代宗李豫駕崩之後，太子李适（ㄍㄨㄚ）繼承皇位，即唐德宗。唐德宗試圖讓各個藩鎮交出兵權，卻落了個逼迫的話柄給別人，引發藩鎮叛亂。唐德宗派兵征討，非但沒平叛，反而引起了藩鎮的公然反叛。

西元七八二年，淮西[045]節度使李希烈自封元帥，相約四個藩鎮同時起兵反唐，他們穿州過府，幾乎一路未遇到什麼抵擋，兵壓唐境。

五鎮叛亂，朝野震動，德宗大憂，遂與宰相盧杞商討平叛之策。盧杞說道：「五藩縱兵謀反，態勢倡狂，肆意塗炭生靈，實為朝廷心腹大患。擒賊先擒王，五藩之中，李希烈兵勢最強，若能先讓其罷兵歸順，其他四家藩鎮便能各個擊破。」

德宗思慮道：「愛卿此計倒是可行，可是如何才能讓李希烈自願退兵呢？」

盧杞道：「陛下素來以德治國，不如選派朝中有威望之人前去遊說，動之以情，曉之利害，定能不費一兵一卒、動一刀一槍，便能使李希烈歸順。」

德宗道：「愛卿此計甚妙，以你之見，朝中大臣之中，誰

---

044 藩鎮：亦稱方鎮，是唐朝中、後期設立的軍鎮。
045 淮西：地域名稱。一般指今淮河上游地區，今安徽，湖北（部分）長江北部和河南東南部分地區為淮西。其名稱來源於唐代劃分的淮南西道，簡稱淮西。

第一章　仁義禮智篇

堪勝任？」

盧杞眼睛咕嚕一轉，說道：「非太師顏真卿不可。」

顏真卿是當時名揚天下的功臣。當初，安祿山起兵造反後，顏真卿力挽狂瀾，率兵平亂，後立大功，被封為吏部尚書、太子太師。顏真卿還是唐代優秀的書法家。他的字遒美大方，雄健有力，被人們稱為「顏體」。

顏真卿性格耿直，才華橫溢，博古通今，招來奸佞的嫉妒和排擠。宰相盧杞見顏真卿的威望在自己之上，深感受到威脅，因此借遊說之名，明裡推崇，實則是想將顏真卿排擠出朝堂。而這時的顏真卿已年逾古稀，此番前去，路途遙遠，能否到達叛鎮尚未可知，更別說勸息叛亂了。因此，一些正直的官員都擔心他的安危，紛紛勸說他要慎重考慮。但顏真卿毫不在意，將家事安排妥當後，帶了幾個隨從動身前往淮西。

李希烈聽說大名鼎鼎的顏真卿來遊說自己，便想炫耀一下自己的威風。他讓自己的養子和部下一千餘人聚集在廳堂內外。顏真卿剛見到李希烈後，就開始勸說他停止反叛。可是他話說到一半，那些養子、部將人抽出腰刀，圍住顏真卿開始謾罵。對於這些氣勢洶洶的人，顏真卿視若無睹，一臉平靜地端起茶碗，輕輕地喝了一口茶。眾人見顏真卿竟有如此氣概，頓時矮了半截，不敢再說話，轉眼看著李希烈。李希烈佯怒道：「你們怎能對大人如此無禮，還不快退下！」轉

臉對顏真卿笑道：「在下統兵無方，讓太師見笑了。」接著，命人將顏真卿安排在驛站裡，暗中派人監管。

幾天後，四個藩鎮叛將派四名使者前來與李希烈聯絡，勸其稱帝。李希烈心中暗喜，遂大擺筵席招待四位來使，並讓顏真卿赴宴。使者見到顏真卿，紛紛祝賀李希烈道：「顏太師威望崇高，四海皆知，我等也是如雷貫耳，如今得以一見，真乃三生有幸。現在我們要擁元帥為帝，恰好太師趕來，這豈不是上天賜給元帥的宰相嗎？」

顏真卿不屑道：「我堂堂七尺男兒，早把功名利祿視為糞土，想讓我反叛朝廷絕無可能！」四名使者皆不敢再說話。李希烈趕忙令人將他押回驛站，並令人在院中挖了一個大坑，揚言大明後要活埋顏真卿。顏真卿無所畏懼，當夜吃飽喝足，上床休息，頃刻鼾聲如雷。守門兵士聽了不禁肅然起敬。次日，顏真卿見李希烈說道：「生死皆有天命，你大可不必和我玩這些東西，老夫不吃這套！你直接把我砍了，豈不痛快！」

西元七八四年，李希烈稱楚王後，想把顏真卿納為己用，命人在驛站的空地上，堆起柴薪，澆上油脂，點起火，然後對顏真卿說：「你若再不投降，我就成全你的忠烈！」顏真卿冷笑一聲，縱身就要往火堆中跳，李希烈慌忙令人攔住。

第一章　仁義禮智篇

後來李希烈想盡各種辦法，直到黔驢技窮，都沒能使顏真卿屈服。李希烈暗想：此人威名赫赫，有將帥之才，一旦放虎歸山，將來必然會是自己的掘墓人。為了永絕後患，李希烈命人殺了顏真卿。

【古今通鑑】

心懷仁義之人，必為英勇之人。因為他會把國家和黎民百姓的利益看得比自己還重，在關鍵時刻，他能捨生取義，為國盡忠。因此，顏真卿是一個英勇、高尚的偉岸丈夫。他的大義凜然歷經千年而不衰，相反，他名氣更甚當年，感染了一代又一代的人。仁以為己任，不亦重乎；死而後已，不亦遠乎！

第二章　謹言慎行篇

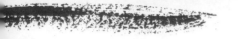

═ 春申君貪色命歸西 ═══════

　　戰國後期，楚國的國君是楚考烈王，因沒有子嗣，他焦急萬分。相國[046] 春申君也格外擔憂，生怕楚王去世後，楚國後繼無人，便從民間遴選美女進獻給楚王，希望她們能為楚國王室留下後代，但一直未能如願。

　　趙國有個叫李園的人，雖然出身微寒，卻極有心計。他聽說楚王因沒有子嗣而擔憂的消息後，想把自己漂亮的妹妹進獻給楚王，因而達到飛黃騰達的目的。可是，李園又想：楚王後宮嬪妃如雲，個個身體健康，可為什麼始終沒能生孩子呢？問題肯定出在楚王身上。如何能讓妹妹懷孕後，然後再進獻給楚王？李園很快就想到了一條妙計。

　　楚國的春申君，與魏國信陵君魏無忌、趙國平原君趙勝、齊國孟嘗君田文並稱為「戰國四公子」。他們有一個最大的共同點就是求賢若渴，廣收天下奇能異士。凡是有才華之人，不論身分貴賤，皆在收養之列，以在非常之時為之效命。

　　四公子當中，要數春申君黃歇權勢最大。他身為楚國相國，一人之下，萬人之上，權傾朝野，正為楚王遴選有生子之相的美女。

　　李園第一步就是去春申君家當門客。和春申君熟悉之

046　相國：中國古代官名。春秋時齊景公設左、右相，相成為齊國卿大夫的世襲官職。以後其他諸侯國也有設置，後來西漢劉邦做皇帝時，因為忌諱「邦」，「相邦」被稱為「相國」，後來慢慢地變成只有「丞相」一職。

後，他便藉口有事告假回鄉。不料，李園一去就是幾個月，等他回到春申君家後，春申君有些不快地問道：「你不是只告假半個月嗎？為何卻晚回來這些時日？」

李園道：「公子息怒，請容我解釋。此番我回鄉後，恰逢齊王派來人要娶我的妹妹，我身分卑微，不敢怠慢人家，所以一直陪客到今天。」春申君聽了，暗想：齊王看中的女人，一定長得很漂亮，就問李園道：「齊王下聘禮了嗎？」李園說：「還沒有。」春申君大喜，遂要求與李園的妹妹相見，見面之後，李園的妹妹果然美貌非凡，春申君十分喜歡。李園的心思極其靈動，一看春申君的表情，就知道他已上鉤，便把妹妹獻給他做妾。

很快，李園的妹妹便懷有身孕，李園得知大喜，遂讓妹妹勸說春申君道：「楚王非常倚重和信任您，甚至更勝於他的兄弟。如今您在楚國當了二十餘年的相國，盡心輔助楚王治理國家，可是楚王至今還沒有兒子。如此一來，等楚王去世後，必然會指定他的一個兄弟當國君，新的國君一定重用原來最信任的人，到那時，您相國的位置恐怕就保不住了。除此之外，您長期執掌國政，殺伐決斷都是您說了算，多少都會涉及到楚王兄弟的利益，他們登上王位之日，也就是您大禍臨頭之時。現在我已有身孕，除您之外，再無別人知道，如果您願意將我進獻給楚王，就一定會得到他的寵幸。假如

第二章　謹言慎行篇

我能生一個兒子，那麼，楚國的王位就會由您的兒子繼承。如此一來，您就可以完全統治楚國了。現在到了關係到您生死的時候了，您一定要慎重啊。」

春申君聽得冷汗直冒，又覺得她分析得十分有道理，便暗自把她送出府中，安置在一家館舍中，並命人暗中保護，他則進宮向楚王推薦她。楚王十分好奇，馬上將李園的妹妹召入宮中，見她果然如春申君所說的一樣，有傾城之貌、絕世容顏，歡喜異常，馬上納入宮中，恩寵無比。

半年後，李園的妹妹果然生了個兒子，楚王欣喜得徹夜無眠，馬上立孩子為太子，封李園的妹妹為皇后，為了為太子祈福，楚王還下令大赦天下，一年內不處決犯人，又賜給李園一個大官做。

隨著李園的權勢越來越大，他越來越擔心春申君會洩露這個驚天祕密，妨礙自己的仕途，於是他實行欲擒故縱之策，表面對春申君十分恭順，暗中卻培植殺手，只等楚王歸西，直接除掉春申君。當時很多人對李園的陰謀心知肚明，只有春申君始終蒙在鼓裡，什麼也不知道。

過了十幾天，一直有病的楚王終於撒手歸天。李園提前得知密報，馬上進宮，奪取朝廷大權，然後在棘門[047]埋伏下殺手，派人通知春申君火速入宮商議楚王駕崩之事。春申君

047　棘門：楚國宮名。

毫無提防，獨身一人進宮，剛過宮門，就被埋伏好的殺手砍掉了腦袋。同時李園又誅殺了春申君的家人。後來，李園立春申君與他妹妹所生之子為楚王，他就是楚幽王。

【古今通鑑】

世間上看似很美好的事物往往有幾分潛在的危險，正如那些美麗的花朵往往帶有致命的毒液。色字頭上一把刀。春申君正是因為過分貪戀美色，才讓李園抓住了他的軟肋，設好圈套，在美色和權力的誘惑下，春申君一步步進入圈套，最後走上了滅亡的道路。當然，歷史上還有很多因貪色而引發的悲劇，也正是這些悲劇在不斷警告後人：色不可貪，貪者必敗！

═ 滅楚國王翦屢請功 ═

秦始皇嬴政繼位後，任用李斯大力改革弊端，使得秦國很快強大起來，秦始皇便開始達成吞掉六國、一統天下的願望。

秦將李信年輕氣盛，武藝超群，作戰勇猛，曾以數千兵力追殺燕太子丹至衍水[048]，打敗楚軍，活捉燕太子丹，立下

048　衍水：今稱太子河，位於遼寧省。

了大功。秦王十分欣賞他的忠勇，便問李信：「我想滅掉楚國，不知將軍認為需要多少兵馬？」李信自信地答道：「楚國不過是個小國家，滅掉它只需要二十萬人馬就足夠了！」

秦王又問大將王翦，王翦老謀深算，仔細思索一番，才謹慎回答說：「若要滅楚國，非六十萬人馬不可。」秦王聽罷，不悅地說道：「王將軍老矣！李將軍用二十萬人馬就能滅掉楚國，你為何卻說需要六十萬人馬？此次攻打楚國你就不用去了。」於是派李信和大將蒙恬率二十萬人馬攻打楚國。王翦順勢告老還鄉。

秦軍兵分兩路，李信率領一路兵馬進攻平輿[049]；蒙恬率領另一路兵馬進攻寢丘[050]，大敗楚軍。李信信心大增，馬上率軍攻克了鄢郢[051]，於是引軍西進，準備到城父[052]與蒙恬會師。但是由於李信幾戰幾捷，認為楚軍不堪一擊，遂生輕敵之心，防備自然鬆懈。楚將項燕抓住李信這個心理，率領大軍尾隨三天三夜，出其不備，趁夜猛攻秦軍，秦軍大敗，李信率殘部逃回秦國。

秦王收到這個消息後，暴跳如雷，這才想到王翦的話是正確的。於是，秦王親自到王翦家鄉，向王翦道歉說：「寡人

049　平輿（ㄩˊ）：今河南省上蔡縣東南。
050　寢丘：今安徽省臨泉縣。
051　鄢郢（一ㄢ一ㄥˇ）：今河南省鄢郢縣西北。
052　城父：今安徽省亳縣。

後悔沒聽將軍之言，輕信李信，才有此大敗。現聽聞楚軍西進，您必須重新出山，帶領秦軍抗擊楚軍。」王翦推辭道：「多謝秦王一番美意，只可惜老臣身體不濟，恐怕難以擔此大任。」秦王裝出一副可憐的樣子，對王翦說道：「難道老將軍真的不願意幫助寡人嗎？」王翦見秦王對自己禮讓有加，頗為感動，說道：「如果您一定讓我帶兵的話，必須給我六十萬人馬才行。」秦王毫不遲疑地答應了。

次日，六十萬大軍集結完畢，兵強馬壯，甲冑鮮亮，戰旗飄揚，王翦見軍容聲勢浩大，不禁熱血沸騰，對秦王說道：「我一定不負您的重託，早日擊潰楚軍。」秦王高興得連連點頭，王翦話鋒一轉，說道：「老臣還有一個不情之請，望您准許。」秦王說道：「將軍但說無妨。」王翦說道：「請您賞賜老臣一些良田美宅。」秦王大笑道：「將軍只管放心出征便是，如果能大破楚軍，便立下奇功，還會擔心貧窮嗎？」

王翦卻嚴肅地說道：「為大王將，即便是立了大功，也不能封侯，所以趁老臣還受您的重用時，多為子孫謀求些家業。」秦王又是一陣大笑，答應了王翦的請求。

王翦行軍途中，又五次派人回去請求秦王賜予土地和房屋。一些部下見王翦如此貪圖富貴，不滿地對他說道：「將軍頻繁求賞是不是太過分了？」王翦說道：「秦王生性多疑，脾氣暴躁，將全國兵力交給我統帥，自然有些不放心。我再三

第二章　謹言慎行篇

請賞，不過是向秦王表示我沒有野心，是忠於秦國的。」

楚王得知王翦率領六十萬大軍伐楚，不由大驚，傾全國之兵力抵抗秦軍。秦軍到達楚國邊境，王翦便下令安營紮寨，不許交戰。楚軍急於決戰，數次出兵挑釁，王翦都置之不理。楚軍見秦軍據守不戰，便引兵向東撤退。王翦見時機成熟，便發兵追擊。透過一段時間的養精蓄銳，秦軍作戰更加勇猛，大破楚軍，主將項燕被殺。秦軍又乘勝攻占楚國城池數座。

次年秦軍攻破楚都壽春[053]，楚王負芻被俘，楚國滅亡。

【古今通鑑】

> 王翦與其子王賁為秦始皇一統天下做出了巨大功勳。他與白起、李牧、廉頗並列為戰國四大名將。王翦不僅有卓越的軍事才能，而且很有處世智慧。他深知秦王是不得已才將全國六十萬的軍隊交給他指揮，對自己充滿了提防和猜忌，稍有不慎，便會招來殺身之禍。因此，王翦才故意表現出一副胸無大志的樣子，只為多求一些良田美宅，能安度晚年便足夠了。這樣一來，秦王才大放其心，王翦也得以全身而退，安逸終老。

053　壽春：今安徽省壽縣。

═ 求自保賈充巧嫁女 ═

賈充是司馬昭生前得力的猛將，他先誅曹魏宗親曹爽，而後又弒魏文帝曹髦，為司馬昭獨攬朝政立下大功，深得司馬昭的寵信。賈充陰險詭譎，眼見司馬昭年老體衰，日漸不濟，為保證自己在朝中不失勢，他力排眾議，推選司馬昭的長子司馬炎為太子，因而又依附上了司馬炎。

司馬昭一死，司馬炎秉承父志，再加之賈充推波助瀾，果斷篡位，逼魏元帝曹奐禪讓，自立為帝，建立西晉，即晉武帝。因此，賈充成為晉朝的開國重臣，晉武帝對他更是寵愛有加。從此，賈充蟠踞朝堂，與馮紞、荀勖朋比為奸，禍害忠良，朝野上下都恨之入骨。

晉武帝泰始年間，河西[054]地區鮮卑族[055]領禿髮樹機能起兵反晉，大將胡烈、牽弘二人帶兵圍剿，先後兵敗身亡。敗報傳來，朝野震動，晉武帝大憂，只能再擇良將，可是又不知該派誰去，正在左右為難之際，得到一封密奏，奏章妙筆生花，先是誇讚賈充各種功德，然後話語一轉，說朝堂之中，唯有賈充可以平定叛亂。晉武帝看過密奏，也覺得賈充頗有謀略，便下詔讓他出征。

054　河西：今寧夏北部至甘肅河西走廊地區。
055　鮮卑族：鮮卑族是中國北方阿勒泰語系游牧民族，其族源屬東胡部落，興起於大興安嶺山脈。

第二章　謹言慎行篇

賈充接詔大吃一驚：我是個文臣，從未上過沙場，這一去豈不是送死？隨後，他派人多方查探才知是侍中[056]任愷從中作梗。

原來，剛正不阿的任愷深知賈充為人卑劣，誅除異己，擔心他成為朝廷大患，因此借西北有事，寫了那封推薦信，明為推崇，實則是將他排擠出朝堂。

然而詔書已下，賈充實在不願帶兵西征，只好託詞招募兵士延遲日期。晉武帝見賈充遲遲不動身，便派人來催促，賈充實在不得已才啟程。

踐行席上，百官頻頻向賈充敬酒，賈充強顏歡笑，勉強應對。酒過三巡，菜過五味，荀勖趁著舉樽敬酒之際，對賈充略一點頭，賈充立刻會意，趁人不注意，起身離座，與荀勖來到一處僻靜處密談。

賈充說道：「任愷老匹夫害得我好慘，你可有應對之策，我實在不願意有此行。」

荀勖見周圍無人，這才低聲說道：「我為你策劃已久，只是苦無良策，但近日卻得到一則消息，有機可乘，若能成事，你也就不用有此行了。」

賈充催促道：「快快講來！」

荀勖說道：「我聽聞皇上正為太子議婚，你有二女守閨待

056　侍中：古代官名。權力相當於宰相。

嫁，何不趁此機會嫁給太子，倘若承蒙皇上准許，你既不用遠行，又將成為皇親國戚，豈不是一舉兩得？」

賈充深思一番，說道：「此計雖好，只怕是沒這個福分。」

荀勗鼓勵道：「事在人為，你只管大膽去做，一定可以成事。」遂又如此這般說了一番。賈充聽聞後大喜，歡顏頓現，又回宴與百官飲酒，直到日將偏西，酒宴才散。

賈充回家立刻與妻子郭槐商量將女兒嫁給太子司馬衷。郭槐一聽，大驚道：「素聞太子司馬衷憨愚不慧，不明事理，倘若嫁入皇家，豈不是將女兒推入火坑？」賈充說道：「此事干係重大，若是能促成此婚，我既不用西去，又有享不盡的榮華富貴，何樂不為呢？」其實，郭槐早有攀龍附鳳之心，聽丈夫這麼一說，立刻依荀勗之計，用大筆金銀財寶賄賂楊后左右侍從，託他們美言。侍從得了錢財，自然會為郭槐辦事，經常當著楊后的面誇耀賈女。楊后處處聽說賈充之女美若天仙，德才兼備，還未見人，就十分喜歡，於是勸說晉武帝納賈充之女為兒媳。

晉武帝早有意納衛瓘之女為太子妃，衛瓘之女不論外貌還是品德都屬一流，而賈充之女相貌醜陋，皮膚黝黑，而且嫉妒成性，若是納她為太子妃，必然會禍亂後宮。但楊后卻認為賈充之女雖然相貌不佳，但頗有德才，是太子妃最佳人

第二章　謹言慎行篇

選。但武帝依然不同意，楊后便建議他徵詢百官的建議。晉武帝點頭允諾。

次日，晉武帝宴請群臣，席間提及太子婚事。荀勖、馮統二人都在座中，兩人對視一眼，荀勖便盡誇耀之能事，說賈女如何有才，如何賢慧孝順，一時口若懸河、口吐蓮花，說得晉武帝和群臣連連點頭。馮統不失時機添風助力道：「賈公之女賢淑有德，是輔助儲君最佳人選。」

晉武帝終於被說動了，遂決定納賈充之女賈南風為太子妃，擇良辰吉日完婚，賈充自然也不用西行了。但大婚那天，晉武帝見兒媳婦賈南風，不僅毫無姿色可言，而且相貌醜陋得叫人無法直視，後悔不迭，但木已成舟，改變已不及，只能長嘆一聲，順其自然吧！

【古今通鑑】

晉武帝死後，晉惠帝司馬衷繼位，立賈南風為皇后。賈南風生性殘暴，嫉妒心極強，將軟弱的晉惠帝玩弄於股掌，因而得以專權，隨意誅殺大臣和後宮嬪妃，一時間，弄得朝野震動，人心恐慌，最終引起了八王之亂，賈南風也在亂中被殺。晉武帝只因一念之差，納賈南風為太子妃，結果引起了東晉長期的混亂，這是晉武帝無論如何也想不到的。

戰淝水苻堅反遭噬

　　東晉孝武帝太元七年（西元三八二年），苻堅召集群臣商議討伐東晉之事。苻堅躊躇滿志地說道：「我在位已三十多年了，東除西蕩，南征北戰多年，北方已歸統一，現在只剩東晉還未平定。現在我國國力昌盛，完全可以徵調百萬大軍，我將親自率軍討伐東晉，你們認為如何呀？」群臣有反對的，也有贊成的，一時眾說紛紜，爭論不休。苻堅見狀，不由一陣心煩，宣布退朝。

　　群臣俯首拜辭，魚貫而出，唯有苻堅的弟弟陽平公苻融說道：「以臣弟之見，征討東晉有三難，一是晉主雖然昏聵，但是有桓溫、謝安等一班賢臣盡心輔助，國泰民安，上下一心；二是我軍連年征戰，早已疲憊不堪；三是鮮卑、羌族表面雖聽從於我國，但實際上早有不臣之意，此次徵調百萬之師伐晉，鮮卑、羌族必然會趁隙起兵，攻打我國。王猛臨終之時告誡您切不可討伐晉。您曾把王猛比作孔明，如果您不聽他的話，後果不堪設想，望您謹慎決斷。」苻堅非常不悅，嚴肅地說道：「我意已決，你不要再勸我了。」

　　東晉孝武帝太元七年（西元三八三年），前秦大舉進攻東晉。八月苻堅派苻融等人率領三十萬軍隊作為前鋒，向東晉進發。苻堅親自率領八十萬大軍從長安出發，旌旗戰鼓遙遙相望，綿延千里。

第二章　謹言慎行篇

　　冬十月，苻融等攻下壽陽[057]後，派前秦將軍梁成等率領五萬人馬鎮守洛澗[058]，沿淮河做布防遏制晉軍。東晉將軍謝石、謝玄等也在洛澗不遠的地方駐紮，但受到前秦將領梁成的牽制，無法進兵。

　　苻融攻打硤石[059]時，暗中得知晉將領胡彬軍糧斷絕，馬上派人將這個消息告訴了苻堅。苻堅得知大喜，當即把主力留在項城[060]，親自率領八千騎兵日夜兼程趕到壽陽。苻堅到了壽陽後，認為晉軍不堪一擊，不如勸其早日投降，於是派朱序去晉營遊說。然而朱序到了晉營後，非但沒勸降，反而為謝石獻計道：「苻堅率領百萬大軍攻打晉國，兵強馬壯，銳不可擋，現在應該趁他們的兵馬沒到齊的時候，出其不意發動進攻，打敗他們的前鋒，挫敗他們的銳氣，這樣一定能打敗前秦軍。」

　　朱序走了之後，謝石再三考慮，覺得朱序說得很有道理，決定依計而行。於是派大將劉牢之率領五千精兵，奔赴洛澗，與洛澗梁成的軍隊展開大戰。戰不多時，先秦軍大敗，梁成也在亂中被殺。洛澗大捷，晉軍士氣大振，謝石率領大部隊水陸並進，乘勝追擊，追得先秦軍隊潰退到淝水[061]。

057　壽陽：位於山西省東部。
058　洛澗：在今安徽淮南東。
059　硤（ㄒㄧㄚˊ）石：今安徽省淮南市下轄地區。
060　項城：今屬河南省項城市。
061　淝水：今淝河，在安徽壽縣南。

苻堅聽聞洛澗失守，大驚失色，忙和苻融登上壽陽城觀望，只見晉軍排兵布陣十分整齊，又望見對面的八公山上的樹木、野草隨風搖擺，誤以為是晉軍，不由大駭，對苻融說道：「晉軍真是太強大了，我以前真是太小瞧他們了。」苻堅命軍隊沿淝水擺開陣勢，嚴密防守，以防晉軍渡河。

晉軍無法渡過淝水，大將謝玄擔心先秦軍隊一旦到齊，晉軍必敗無疑。於是他派使者告訴苻堅說：「您孤軍深入晉國，難道只是為了傍水擺下陣勢，與晉軍長期對峙嗎？與其這樣，您不如讓軍隊後撤一點，讓晉軍渡水決戰。」苻堅暗想：如果趁著他們渡到水中央的時候，我派兵發動突然襲擊，定能打敗晉軍。於是，苻堅下令讓軍隊開始後撤。由於秦軍實在太多，不由亂了陣腳，朱序趁亂高呼：「前秦軍隊敗了，大家快逃呀！」前秦士兵信以為真，開始爭相逃命。

晉軍趁此機會迅速渡河，向先秦軍發動猛烈的攻擊，先秦軍隊更加慌亂，四處奔逃，苻融揮舞著劍想要攔住潰逃的軍隊，但兵敗如山倒，哪裡能攔得住！結果，苻融被晉軍所殺，先秦軍隊全線奔潰，謝玄乘勝追擊，一直追擊到青岡[062]城。先秦軍隊人馬相踏而死，屍橫遍野，堵住河流。逃跑的兵士聽到風的聲音和鶴的鳴叫，都以為晉軍追來，一刻不敢停歇，晝夜奔逃，加上飢餓和寒冷，死亡的人十有八九。

062　青岡：位於黑龍江省綏化市。

符堅中了一箭，情知不妙，在親兵的保護下，策馬狂奔，一直逃到淮河以北，但沒過多久，便國破身亡。

【古今通鑑】

泗水之戰是中國歷史上著名的以少勝多的戰例。東晉孝武帝雖然昏聵，但在謝安的努力下，東晉內部衝突得到了緩和，出現了同仇敵愾的局面。晉軍趁前秦大軍尚未集結完畢，主動要求在泗水決戰。前秦王符堅還未弄清晉軍的真實動機，就盲目下令退軍決戰，結果，導致大敗，上演了「草木皆兵」、「風聲鶴唳」的歷史悲劇。

＝怠軍機王玄謨兵敗

南朝宋元嘉年間，劉宋和北魏經常爆發戰爭，劉宋王朝被北魏奪取了不少土地。宋文帝劉義隆繼位後，計劃收復被北魏侵占的土地，文武百官爭相上奏獻策，欲藉此博得宋文帝的寵信。

其中，要數彭城[063]太守王玄謨上奏最為積極，次數最多，宋文帝看了他的奏章也不由得熱血沸騰，讚賞道：「看

063　彭城：今江蘇省徐州市。

了王玄謨的奏章，我彷彿成了漢朝的霍去病，雄心勃勃地站在狼居胥山上，檢閱軍隊，揮師北伐匈奴。」群臣也隨聲附和，極力逢迎宋文帝說：「陛下天威震懾四海，此次討伐北魏，一定能收復失地。」

但是老將沈慶之卻擔憂地向宋文帝進言說：「陛下，我國多為步兵，而北魏都是騎兵，微臣擔心打起仗來，我們會吃虧。況且檀道濟兩次出兵都沒有占到便宜，而彥之也是打了敗仗無功而返。而現在王玄謨等人的能力未必在檀道濟、彥之二位將領之上，再加上我國軍隊連年作戰，將士都有厭戰情緒，此次討伐北魏，我擔心軍隊還會失利。我們不如暫緩一陣，從長計議一番，然後再討伐北魏也不遲。」然而，宋文帝急功近利，哪裡還能聽從沈慶之的意見？

西元四五〇年七月，宋文帝兵分兩路，向北進攻，一路由王玄謨率領進攻滑臺[064]；一路由柳遠景等人率領，從襄陽[065]北上河南。柳元景等人率領的軍隊作戰勇猛，勢不可擋，很快就攻克了弘農[066]，宋軍士氣大振，接著又向陝西攻去。

王玄謨率領軍隊兵強馬壯，士氣高昂，軍械精良，但王玄謨卻是個平庸之輩，不懂用兵之道，而且又極其貪婪。最

064　滑臺：今河南省滑縣。
065　襄陽：今湖北省襄陽市。
066　弘農：今河南省靈寶北。

第二章　謹言慎行篇

初，宋軍將滑臺圍得水泄不通，城中有很多草房，將士們建議用火攻，燒掉這些房子，讓守城的敵軍不戰而潰。王玄謨卻說：「等攻下滑臺城的時候，城裡的一切都是屬於我的，為什麼要燒掉？」結果，等滑臺城的守軍挖好了洞穴，將屋頂上的茅草撤了下來，再用火攻已經沒用了。

當初，居住在黃河、洛水一帶的百姓十分歡迎宋軍的到來，都積極地為宋軍運送糧草，每天都有幾千人帶著武器前來投奔宋軍。然而，王玄謨卻不懂利用民心，反而倒行逆施，命令每家每戶上繳一匹布和八百顆大梨。很快，百姓們見王玄謨不安好心，就不再主動幫助宋軍了。

王玄謨圍困滑臺城足足兩個多月，始終沒能攻破。就這樣，一直等到北魏的援軍快到之時，滑臺城依然沒能攻下，將士們建議修築堡壘，以拒魏軍，但王玄謨仍然沒有聽從。

等北魏援軍到達滑臺城時，王玄謨這才開始慌張起來，忙命軍隊攻打魏軍，但剛一交戰，宋軍就開始潰敗，王玄謨見勢不妙，先行逃跑。結果，宋軍死傷一萬多人，無數糧食兵器都成了魏軍的戰利品。

宋文帝一看王玄謨吃了敗仗，魏軍攻勢凶猛，剛剛打了勝仗的柳元景等人無人策應，沒法單獨進攻，於是，宋文帝下令讓各路人馬撤回。

　　北魏永昌王拓跋仁先後攻下懸瓠[067]、項城[068]。宋文帝擔心北魏軍隊會進攻壽陽[069]，於是命令將軍劉康祖回援。北魏太武帝的姪子拓跋仁得知這個消息後，馬上率領八萬騎兵追擊劉康祖，當時，劉康祖手下只有八千餘人。眼看魏軍就要追到，部將建議繞道走山路，避開魏軍的鋒芒，神不知鬼不覺繞回壽陽。劉康祖大怒，說道：「我們到黃河邊去找他們決戰，沒有找到。現在他們自己送上門來了，為何還要躲避？」於是，命令軍隊組成陣營，要與魏軍決一死戰，並下令：誰要敢東張西望，立刻斬首；誰要敢臨陣逃跑，砍掉雙腳！

　　魏軍憑著人多勢眾，將宋軍團團圍住，輪番進攻，兩軍展開激戰。戰鬥整整持續了整整一天，宋軍殺死魏軍一萬多人，血流成河。劉康祖多處負傷，但仍然拚死衝殺，這時，一支流箭飛來，正中他的脖子，劉康祖墜馬身亡，部下八千餘人全軍覆沒，至此，劉宋北伐以失敗告終。

【古今通鑑】

　　劉義隆剛愎自用的性格，使得他狂妄自大，行事不切實際，拒絕聽從老將沈慶之的勸諫，冒險討伐北魏。

067　懸瓠（ㄏㄨˋ）：今河南省汝南。
068　項城：今河南省沈丘。
069　壽陽：今山西省壽陽縣。

由於他用人不當，王玄謨在滑臺倒行逆施，失去民心，又幾次三番延誤軍機，導致劉宋軍隊處於被動的局勢，最終無功而返。此次北伐，使得劉宋國力受到極大損失，強盛一時的「元嘉之治」，自此衰落。

受誣陷崔浩赴陰曹

崔浩是南北朝時期北魏著名的軍事家、謀略家。他輔佐北魏三朝皇帝，參與一些軍國大事的決策，多謀善斷，屢建奇功。太武帝拓跋燾繼位後，對崔浩更加寵信，賦予他很大的權力。崔浩的得勢引起了一些鮮卑貴族的嫉妒，他們不斷找崔浩的把柄，希望把他排擠出朝堂。

太延五年（西元四三九年）十二月，太武帝任命崔浩為監管秘書事務，與中書侍郎高允等人續修國史。太武帝為了能讓兒孫後輩了解到一個真實的北魏國，還特別囑咐他們，一定要據實而錄。崔浩等人遵照太武帝的意思，多方收集關於北魏國上代的資料，精心編寫，不久就完成了魏國的國史。

參與編寫國史的令史 070 閔湛、郤（ㄔ）標，為人奸猾，善於奉迎，因此很討崔浩的歡心。《國史》編修完畢，這二

070　令史：古代官名。

人又想出一個巴結崔浩的主意，於是向太武帝進諫說：「我等讀過崔浩所注解的古書，通俗易懂，準確又不乏深度，實在難得。我們懇請陛下下令讓崔浩繼續注解《禮記》，以便後人讀到最正確的釋義。」與此同時，崔浩也極力在太武帝面前舉薦閔湛、郗標二人，說他們博學多才，做事嚴謹，有著述之才。

閔湛、郗標二人為了進一步討好崔浩，建議崔浩把《國史》篆刻在石碑上，以顯示崔浩的秉筆直書。高允聽說這件事情後，擔心地對著作郎[071]宗欽說：「閔湛、郗標這二人的想法，一定曾為崔家帶來滅門之災的。」而崔浩似乎真的忘記了太武帝修書給皇室後代看的目的，竟然接受了他們的建議，動用數百萬勞工，把《國史》刻在了石碑上，並立在郊外的路邊。

崔浩在《國史》中記錄拓跋氏一族崛起的歷史，詳細而真實，毫無避諱，秉筆直書拓跋氏早期很多不為人知的事情。圍觀的人一看，頓時譁然，議論紛紛，將看到的內容作為茶餘飯後的談話到處傳播。一直苦於抓不到崔浩把柄的鮮卑貴族看到石碑上的內容後，欣喜萬分，忙向太武帝告發崔浩將《國史》刻在碑上，是有意宣揚祖先的過失。太武帝大怒，當即命人抓捕崔浩。

071　著作郎：官名。三國魏始置，屬中書省，為編修國史之任。

第二章　謹言慎行篇

　　崔浩被關入大牢後，太子拓跋晃馬上請自己的師傅高允入宮，對他說：「師傅，想必你也聽說崔浩入獄之事了，現在皇上龍顏大怒，下令追查主張立碑之人，你也是修書成員之一，此事必然與你脫不了干係，等明日覲見皇上時，我先為你說情，你見機而言，則可保住性命。」高允性格剛正，自知沒參與此事，覺得問心無愧，雖表面上領了太子的好意，卻沒放在心上。當夜，他留宿太子宮中。

　　次日，高允與太子一起覲見太武帝，太子說：「高允做事向來謹慎，而且他官位較低，國史事件都是崔浩一手造成的，請您赦免他的罪吧。」太武帝沒作回應，卻問高允道：「《國史》都是崔浩撰寫的嗎？」

　　高允依實答道：「〈太祖記〉由前著作郎鄧淵撰寫，〈先帝記〉和〈今記〉是我與崔浩共同撰寫的。不過，崔浩事務繁忙，他只是總擬了一個大綱，具體內容，我寫得比他多。」

　　太武帝拍案而起，喝道：「高允的罪行不比崔浩輕多少，為何要免去他的罪行？」

　　太子不由暗自叫苦，嘴裡卻說：「父皇請息怒，高允生性木訥，拙於辭令，再加上初睹父皇天威，難免緊張，以至於語無倫次。昨天兒臣還問及此事，高允還說是崔浩寫的。」太武帝又問高允：「太子講的可是實情？」

　　高允平靜地回答說：「以臣之罪，當滅九族，所以不敢妄言。太子尊微臣為師，所以想救我一條性命。實際上，天子從未問過我此事，我也沒說過那樣的話，微臣不敢胡言亂語欺騙您。」

　　太武帝聽了，怒氣漸漸平息下來了，對太子說道：「果然忠厚耿直！天地下恐怕沒有幾個人能像高允一樣，死到臨頭，還能泰然自若不說半句假話，作為臣子，能夠做到不欺君罔上，足見其忠，我赦免他的罪就是了。」高允雖然逃過一難，太武帝卻不準備放過崔浩，又親自審問了他一次，便準備把他處死，誅其五族。

　　行刑當日，崔浩被關在一輛囚車裡，押赴刑場。此時的崔浩再也沒有了往日的威風，面如土色，雙眼呆滯，不斷有押解的士兵爬到囚車上，一邊辱罵他，一邊朝他頭上撒尿，受盡侮辱之後，這位智謀和才能不遜於諸葛亮的三朝元老就這樣被殺了。

【古今通鑑】

　　崔浩是一個不可多得的謀略家，他對北魏政權的鞏固和發展做出了不可磨滅的貢獻。此外，崔浩博學多才，除了在軍事和政治方面的成就外，在天文、律法、宗教等方面也做過不少貢獻。也正是在種種耀眼成就的

光環下，引來了鮮卑貴族的妒忌，而崔浩似乎忘記了伴君如伴虎的真實含義，被人誣陷「宣揚國惡」，慘遭殺害。

謀帝位叔陵弒太子

南北朝時期，南朝陳國皇帝陳蒨一病不起，臨終之前，他握著二弟陳頊（ㄒㄩˋ）的手，說道：「我兒子伯宗年紀尚小，恐怕一時無法繼承皇位，等我死之後，你來繼承皇位，這樣就能避免為爭皇位，手足相殘的事情了。」

其實，陳頊早有稱帝之心，但是當著幾位託孤大臣的面，他又無法當下答應，所以他一邊哭，一邊對陳文帝說道：「大哥，你放心，我一定竭盡所能輔佐伯宗的。」陳文帝聽了，這才放心，不久就駕崩了。

陳文帝死後一年，陳頊覺得時機成熟了，便廢掉了姪子陳伯宗，自己當上了皇帝，史稱陳宣帝。立長子陳叔寶為太子。陳宣帝在位十四年間，奮力強國，使得民生得到了很大的改善。他的幾個兒子也漸漸長大，便開始爭奪皇位。

後來，陳宣帝突然患病，多方醫治不見好轉，病勢反而更加嚴重，太子陳叔寶、始興王陳叔陵、長沙王陳叔堅一同入宮看望他。陳宣帝的二兒子陳叔陵心懷不軌，早有殺太子陳叔寶之意，遂把醫官手中的刀奪過來，意味深長地說：「此

刀已鈍，你應該磨一磨，才好使用。」不久，陳宣帝便駕崩了，倉促之中，陳叔陵命侍從出宮取劍，那個侍從沒有明白陳叔陵真正的意圖，以為要為皇帝舉行送終儀式，遂取來一把桃木劍。陳叔陵見了，怒喝道：「你壞我大事！」陳宣帝的四兒子陳叔堅察覺到了陳叔陵的異常，懷疑他會作亂，於是暗中留意的他的一舉一動。

陳宣帝入殮那天，陳叔寶哭得十分悲傷，陳叔陵趁機從袖中拿出藥刀，繞到陳叔寶的背後，一刀砍在他脖子上，陳叔寶慘叫一聲，昏倒在地。陳叔寶的母親驚駭之極，慌忙跑上前來護住陳叔寶，也被陳叔陵砍了幾刀。正危之時，陳叔寶的奶媽從後面拉住陳叔陵的手臂，陳叔堅也搶步上前，左手扼住陳叔陵的脖子，右手奪走他的刀，把他拖到一根柱子邊，用衣服將他綁在柱子上。過了一會兒，陳叔寶悠悠醒來，因藥刀不夠鋒利，陳叔寶和他的母親只是受了輕傷，於性命無礙。

陳叔堅見陳叔寶安然無恙，便詢問他如何處置陳叔陵。此時，陳叔陵奮力掙脫束縛，逃到了東府城[072]。到東府城後，陳叔陵讓幾個老部下關閉城門，又下令赦免囚徒，編入自己的軍隊，散發金銀財寶賞賜兵卒，他也穿上了盔甲，登上城頭招募百姓。但百姓們都知道陳叔陵殘忍狠毒，因此無人響應。

072　東府城：今屬江蘇省南京市。

第二章 謹言慎行篇

　　這時，陳叔陵的心腹陳伯固聽聞京師有變，便孤身一人前來投奔陳叔陵，幫助他指揮軍隊。而陳叔陵的軍隊不足一千人，兵卒又多是蝦兵蟹將，幾乎沒有戰鬥力。

　　陳叔寶正在宮中養傷，命陳叔堅全權處理此事。陳叔堅便派將軍蕭摩訶帶兵圍困東府城，設計潛入東府城，斬殺陳叔陵的手下戴溫，陳叔陵的兵卒大駭，還未開戰，便降了一半。陳叔陵窮途末路，便把妃子張氏和寵妾七人全部投到井中溺死，曛夜[073]與陳伯固帶領幾百個兵卒殺出，想投奔隋朝。

　　蕭摩訶得知陳叔陵逃跑，率領幾千騎兵抄近道趕在陳叔陵前面，將他攔住，陳叔陵眼見被包圍，拍馬舞刀上前，打算與追軍決一死戰。還未等正式交鋒，陳叔陵的部下已棄甲潰逃，陳叔陵、陳伯固皆被殺死。

　　事後，陳叔寶下令處死陳叔陵的兒子、同黨，只有陳伯固的兒子倖免於難，被貶為平民。不久，陳叔寶正式繼承皇位，即陳後主，也是陳國最後一位皇帝。

【古今通鑑】

　　陳叔寶歷經生死，成功擊敗二弟陳叔陵的爭奪，順利登繼。當上皇帝後，陳叔寶卻不珍惜來之不易的機會，把忠臣當仇敵，視百姓如草芥，橫征暴斂，沉溺於

073　曛（ㄒㄩㄣˊ）夜：深夜。

酒色。後來，隋文帝楊堅派大軍渡過長江天險，輕而易舉滅了陳國，活捉陳後主。但隋文帝見他昏庸不堪，胸無大志，也不擔心他會成為後患，陳後主因此得以保住性命，居住在長安，仍然貪圖享樂，沒有絲毫的亡國之恨。可見權力二字，足以讓一個人利慾薰心，不思進取，喪失一切良知，所以，對待權力，不可不慎！

安祿山邀寵顯偽詐

安祿山是唐朝營州[074]的胡人，原名叫阿犖（ㄌㄨㄛˋ）山，他父親死後，母親改嫁給突厥人安延偃，因繼父姓安，所以阿犖山便改名為安祿山。後因部族破落離散，混亂不堪，安祿山便逃往唐朝，長大後在河北邊防軍任職，因作戰英勇當上了上將軍。

安祿山為人奸詐圓滑，善於揣摩別人的心思，因此很討上級的喜歡。每次唐玄宗李隆基派人到邊防視察，安祿山都會以重金賄賂，這些人回去之後，都在唐玄宗面前誇讚安祿山，日子一久，唐玄宗對安祿山的印象越來越好。

一次，唐玄宗派御史中丞[075]張利貞到河北邊防視察，安

074　營州：今遼寧朝陽人。
075　御史中丞：中國古代官名。防範朝廷主官侵害人民權益、貪官污吏、貪贓枉法。

第二章　謹言慎行篇

祿山大擺筵席，盛情款待張利貞，臨走之時，又送給張利貞大量的金銀財寶。張利貞得了好處，自然萬分高興，回到朝廷後，對唐玄宗說安祿山的邊防事務做得很好，立了很大功勞。唐玄宗對安祿山本來就有好感，現在聽張利貞這麼一說，更認為安祿山是個賢才，就把統管整個河北邊防的權力交給了安祿山。

安祿山統管河北邊防後，手中兵權在握，他帶兵四處屠殺一些少數民族，然後把搜刮來的奇珍異寶進獻給唐玄宗。唐玄宗幾乎天天都能收到安祿山送來的東西，龍顏大悅，更加信任安祿山了。

安祿山體壯如牛，大肚子，矮個子，常說自己有三百斤重。一次，安祿山入朝覲見唐玄宗，唐玄宗一見他的大肚子就笑著問道：「你的肚子裡都裝了什麼東西，為何這般大？」安祿山一本正經地答道：「我肚子裡面除了對您的一片赤膽忠心，其他的什麼也沒有。」唐玄宗聽了更加高興，指著侍立在身邊的太子，對安祿山說道：「這位是太子，你應該向他磕頭問安。」安祿山卻裝傻充愣，不願跪拜，說道：「我是胡人，不懂朝廷禮儀，不知道太子是什麼官，我為何要對他磕頭？」唐玄宗見他爽直，耐心地解釋道：「太子就是將來的皇帝，等我死後，他就替代我掌管天下。」

安祿山聽了，這才跪在地上對太子磕頭說：「請太子恕

罪，我愚昧淺薄，心中只有皇帝，還不知道有太子。」唐玄宗一聽，認為安祿山對自己忠心不二，更加寵信他了。

一次，唐玄宗宴請百官，特意讓安祿山坐到自己的身邊，以示恩寵，百官豔羨之情溢於言表。安祿山知道唐玄宗最寵愛的妃子是楊貴妃，他就百般討好楊貴妃，還做了她的乾兒子。安祿山每次朝見，必先跪拜楊貴妃，而後才拜唐玄宗，剛開始時，唐玄宗沒在意，可如此反覆幾次後，唐玄宗便問他何故，安祿山答道：「我們胡人的規矩是先拜母親再拜父親。」唐玄宗一聽，自己無意中都成了安祿山的父親，不由得高興萬分。

西元七五二年，唐玄宗在長安大興土木，為安祿山修建官邸，供他居住。官邸落成後，裡面裝飾得極其華麗，比皇宮還要富麗堂皇，所用器物也極其名貴。

楊貴妃則用絲綢做成襁褓，裹住安祿山，像照顧嬰兒一樣悉心照顧他。閒來無事，楊貴妃讓宮女用轎子抬著襁褓中的安祿山，四處遊玩取樂。一次，唐玄宗聽到宮女的嬉鬧聲，便問左右侍從緣由，侍從說楊貴妃正為安祿山洗澡。唐玄宗到後宮一看，果然如此，很是高興，自己也跟著嬉鬧。等大家玩得盡興了，唐玄宗賞賜了楊貴妃不少洗兒錢，這才散去。

後來，這個備受唐玄宗和楊貴妃恩寵的乾兒子和他的生死之交史思明發動了叛亂，史稱「安史之亂」。

第二章　謹言慎行篇

【古今通鑑】

　　安祿山從唐朝的邊防將領走上反叛之路，與皇帝分庭抗禮，不是一朝一夕之事。安祿山的快速起家，既與安祿山本人性情的狡詐、善於逢場作戲，外表卻給人一種憨厚、忠誠的印象有關；除此之外，還與唐玄宗好大喜功，只聽一面之詞有直接關係。在當時的環境下，為安祿山的野心和投機提供了舞臺，慢慢得到了唐玄宗的寵信和歡心。唐玄宗無論如何也想不到，這個由他一手捧上來的寵兒，竟然會造成唐朝從強盛逐步走向衰落的勢態。

勇朱瑾怒斬徐知訓

　　楊隆演是五代十國時期南吳的君主。他生性懦弱，不善理政，導致大權落入右衙指揮使徐溫手中。徐知訓是徐溫的長子，酗酒如命，又好女色，他憑藉父親的權勢，在朝中飛揚跋扈，十分囂張，連吳王也不放在眼裡，經常戲弄吳王，毫無君臣禮節。

　　一天，徐知訓與吳王聚宴，喝得酩酊大醉，突來興致，便強迫吳王扮演奴僕，自己扮演將軍。他將吳王的頭髮紮成羊角狀，讓他穿了一身破爛的衣服，替他拿著帽子，跟在自己後面行走，吳王雖然惱怒萬分，卻不敢違拗，只能勉強附和扮演。

徐知訓曾和吳王在河上划船遊玩，中途徐知訓又開始喝酒，不一會兒，船靠碼頭，吳王先行登岸，徐知訓恨他不尊重自己，用鐵器拋打吳王，所幸吳王的侍從反應靈敏，拔劍擊落鐵器，吳王才免於受傷，既而他們又到禪智寺賞花，此時徐知訓酒勁發作，開始大罵吳王，吳王嚇得躲到了牆角，不斷哭泣。左右侍從怒極，扶著吳王登船，飛駛而去。徐知訓急乘飛舟追趕，偏偏沒追上，徐知訓怒不可遏，又用鐵器打死了吳王的一名侍從。面對徐知訓的專橫，朝中群臣皆是敢怒不敢言。

徐知訓十分討厭徐溫的養了徐知誥 [076]。一天，徐知訓在府中宴請諸位兄弟，徐知誥因公務繁忙，沒來赴宴。徐知訓馬上找到徐知誥，怒聲罵道：「你這討飯的傢伙，請你喝酒你不來，難不成你是想讓我請你吃劍嗎？」後來徐知訓又請徐知誥喝酒，暗中埋伏甲兵，想藉此機會除掉徐知誥。徐知訓的三弟平素與徐知誥關係十分好，此時他也在座中，暗中踩了一下徐知誥的腳，徐知誥方才醒悟有詭計，藉口如廁，翻牆而逃。

徐知訓聽聞徐知誥逃跑，遂拔出寶劍，交給親信刁彥能，命他馬上追殺徐知誥。刁彥能騎馬追去，很快就追到了徐知誥。但他卻沒有殺徐知誥，只是舉劍虛刺了他一下，便返報徐

076　徐知誥（ㄍㄠˋ）：後改名李昇（ㄕㄥˋ），建立南唐。

第二章　謹言慎行篇

知訓，說徐知諮逃之夭夭，無從尋覓，徐知訓這才作罷。

一日，平盧[077]節度使朱瑾派他家中的一位歌女去看望徐知訓，徐知訓一看此女長相不俗，便想占為己有。歌女知道他沒安好心，乘隙逃匿，回去把此事告訴了朱瑾，朱瑾感到萬分惱怒。徐知訓也十分嫉妒朱瑾的威望在自己之上，便借外調之名，把朱瑾排擠出朝堂。因此，朱瑾更是氣憤難當，決定除掉徐知訓。

於是，朱瑾擺下宴席請徐知訓來家喝酒，酒至半酣，徐知訓已略有醉意，朱瑾便命家中最漂亮的舞女出來獻舞，徐知訓立時被吸引住了，目不轉睛地盯著舞女。朱瑾見他上鉤，又假意逢迎他一番，說是願以舞女和好馬相贈。徐知訓大喜，連連感謝。而後，朱瑾帶著徐知訓進了中堂，命他的勇士在周圍埋伏，然後又將妻子陶氏帶出來，讓她拜見徐知訓，徐知訓自然回禮答拜。此時，朱瑾抓住機會，用手肘從背後猛擊徐知訓的頭部，徐知訓全無防備，跌倒在地，朱瑾高呼道：「還不快快動手！」早已埋伏好的勇士一躍而出，個個手持大刀，將徐知訓剁為肉泥。在殺徐知訓之前，朱瑾在後院的馬廄裡拴了兩匹暴躁的馬，在動手殺徐知訓時，朱瑾命人激怒兩匹馬，牠們互相踢咬，嘶鳴之聲很大，所以外面的人根本聽不到裡面廝殺的聲音。

077　平盧：今遼寧省朝陽市。

　　朱瑾砍下徐知訓腦袋，提出大廳，徐知訓的侍從嚇得立刻四處逃散。朱瑾又直奔吳王府，對吳王說道：「大王，我為您除去一個禍害！」說著，將徐知訓血淋淋的人頭，舉給吳王看。吳王嚇得渾身顫抖，慌用衣服遮住臉不敢看，囁嚅說道：「事情是你要做的，和我沒有關係。」一邊說，一邊走了出去。

　　朱瑾不禁嘆道：「吳王真是膽小如鼠，和他不足以成大事。」遂丟下徐知訓的腦袋，拔劍欲走，不料子城使翟虔等早已將王府大門關閉，率兵要斬殺朱瑾。朱瑾情急之下，翻牆而逃，不料卻摔斷了腳骨。

　　此時，王府中的追兵已至，朱瑾自知不免一死，笑著對追殺他的人說：「我為眾人除去禍害，現在我也願意為眾人承擔憂患。」說罷，用手中的劍朝頸一橫，頓時血湧如泉，登時死去。

【古今通鑑】

　　徐知訓不學無術，在父親的庇護下，胡作非為，一點也不知收斂，竟然三番五次戲弄吳王，甚至還差點要了他的命，這種臣子對君王的不禮程度真是罕見！吳王的懦弱和忍讓也助長了徐知訓的囂張氣焰，徐知訓也不懂多行不義必自斃的古訓，結果被朱瑾設計殺死，可謂是咎由自取。

＝巧言惑主石顯專權 ＝＝＝＝＝＝＝＝＝＝

　　石顯，字君房，是西漢元帝期間的佞臣。石顯是章丘縣[078] 人，年輕時是個無賴，不學無術，騙吃騙喝，鄉里鄉親都十分討厭他。後來，石顯犯罪，被處以宮刑，送入宮中當太監。

　　入宮沒多久，石顯時來運轉，他雖一無是處，卻唯獨精通律法，而漢宣帝劉詢又非常厭煩儒家那一套禮教，在如此機緣下，石顯被漢宣帝看中，任命他為中書僕射[079]。石顯規規矩矩地把工作做得有聲有色，深得漢宣帝的喜歡。

　　後來，漢宣帝病死，他的兒子劉奭（ㄕˋ）繼位，即漢元帝。漢元帝繼位後體弱多病，無法經常臨朝理事，想找一個精明強幹，又能隨時照顧自己的人。這時，石顯引起了他的注意，石顯不僅能勝任他的工作，而且為人忠厚老實，又是宦官，沒有子女，值得信任，於是給了他很大的權力。從此，不論朝中大小事務，都由石顯轉奏，再由漢元帝裁定。久而久之，石顯的權力超越百官，在朝中威焰日盛，文武百官都十分畏懼他。

　　石顯機警善變，善於揣摩漢元帝內心真實的想法。他外表看起來忠厚老實，實則內心陰暗無比，狠毒異常，但凡有

078　章丘縣：山東省濟南市轄縣。
079　中書僕射（ㄧㄝˋ）：古代官名，為中書令的主要屬官。

人因小事得罪了他，他必會想盡一切辦法實施報復。石顯為了擁有更大的權力，和車騎將軍[080]史高聯合起來對付大臣蕭望之等人，對他們提出的建議一概不聽，甚至常常在漢元帝面前詆毀蕭望之。

蕭望之等一班正直大臣恨石顯的獨斷專行，於是向漢元帝進諫道：「中書是宣布旨意的地方，位居中樞，掌管朝廷大量機密，是軍中之重，萬萬不能忽視，應該讓正直廉潔的官員去工作。武帝因常在後宮遊玩宴樂，所以才任用宦官，這並不是古代流傳下來的規矩。陛下應該廢除宦官擔任中書官職的法規，這樣才符合君王不親近宦官的禮制。」漢元帝因剛登帝位不久，謙虛謹慎，不肯輕易改變祖輩留下的規矩，所以這件事情拖了很久都沒能解決。因此，御史中丞[081]陳咸幾乎天天上奏批判石顯。石顯早就想找個機會報復蕭望之，只因蕭望之德高望重，一時無法扳倒，現在陳咸敢強出頭，就先拿他先開刀。

過了幾天，石顯透過暗中偵查得知，陳咸向好友朱雲洩露宮闈秘聞，遂將他二人抓捕入獄，罰做苦役。為了培植親信，他結黨營私，凡是主動依附他的人，他一律許以高官厚祿。

080　車騎將軍：漢制，僅次於大將軍、驃騎將軍，

081　御史中丞：古代官名，為一種御史。防範朝廷主官侵害人民權益、貪官污吏、貪贓枉法。

第二章 謹言慎行篇

　　石顯知道自己權傾朝野，樹大招風，一旦有人在漢元帝吹耳邊風，自己的處境就不妙了。於是，他經常向漢元帝表示忠誠，並設計驗證漢元帝對自己真實的態度。一次，漢元帝命石顯出宮辦事。臨行前，石顯請求漢元帝說：「陛下，我擔心晚上回宮時，漏壺滴盡，城門已關，我能否奉陛下之命，請守衛開門？」漢元帝點頭應允。

　　這天，石顯故意等到半夜才回來，大聲宣稱奉陛下之名，讓守衛打開城門而入。第二天，就有人上書控告：「石顯擅用皇權，假傳詔書，私開城門。」漢元帝看完，笑著把奏章遞給在一旁侍駕的石顯。石顯接過一看，故作慌張，跪在地上哭泣道：「陛下信任我才委任我辦事，可是我的榮耀卻招致別人的嫉妒，想要陷害我，這樣的情況經常發生，也只有您才能明白我的忠心。我身分微賤，承蒙陛下對我的厚愛，榮耀無比，但為了防止有人無故中傷於我，同時為保陛下一世英名，我甘願辭掉所有職務，負責清掃後宮，死而無憾。只求陛下再垂憐我一次，保全我的性命。」

　　漢元帝被石顯一把鼻涕一把淚的哭訴欺騙了，深受感動，不斷勸慰勉勵，又重賞了他，才讓他告退。就這樣，石顯得到漢元帝的信任和重用，很多事情一旦經他處理，讓人真假難辨。他一生殘害忠良無數，但他卻沒遇到什麼大的挫折。直到漢元帝死後，漢成帝劉驁繼位。漢成帝重用外戚王

氏一族，石顯從此黯然失色，漸漸變得了無生息。然而，最令人不可思議的是，百官多次彈劾他，卻怎麼也找不到大的罪過，漢成帝也沒再深究，遣送他回家。

曾經輝煌的日子不復存在，石顯似乎一時接受不了這個事實，在歸鄉途中抑鬱而死。

【古今通鑑】

石顯是一個典型的權臣、小人，為後人所不齒。但漢元帝卻屢次被他哄騙，以至於他從未下定決心剷除他，反而助長了他囂張的氣焰，胡作非為，濫殺無辜。親讒臣的後果往往是國破家亡，歷史上這樣的例子不勝枚舉。所以，不論是帝王也好，普通人也罷，都應該結交有德行的人，這樣才會完善自己。

入京師王敦害伯仁

周顗（一ˇ），字伯仁，東晉晉元帝時期官員。周顗得襲父爵，弱冠入仕，雖宦海沉浮多年，卻沒沾染官場的不良之習。他雖聲名在外，卻老成莊重，同僚除了尊敬之外，不敢隨意與他開玩笑。當時，東晉丞相是王導，與周顗義氣相投，結為好友。

第二章 謹言慎行篇

　　永昌元年（西元三二二年），王導的堂兄、時任大將軍的王敦，以討伐大臣劉隗為名，起兵進攻建康[082]。消息傳到建康，朝野震動，晉元帝司馬睿大怒，召集群臣，議抵禦王敦之策。劉隗進言道：「應當誅殺王導及王氏一族，以表滅賊之志。臣願統兵前去征討王敦！」晉元帝念及王導有輔佐自己建立東晉之功，堅決不同意，劉隗正要再諫，見晉元帝面露慍色，把說到嘴邊的話又咽了回去，小心拜退。劉隗的話很快就傳到了王導的耳中。王導大驚，帶領堂弟中領軍王邃、左衛將軍王廙、侍中王侃、王彬等在朝為官者，以及各宗族子弟二十餘人，每日清晨到朝堂外跪地待罪。

　　一日，周顗晨起入朝，王導見了，立即大喊道：「伯仁，我一家百餘口的性命都託付給你了！」周顗佯裝沒有聽見，目不斜視，徑直入宮。見了晉元帝，周顗極力替王導說好話。晉元帝龍顏大悅，頗加採納，又命侍從擺宴，與周顗共飲。周顗嗜酒如命，再加之心情高興，直到喝醉，才拜辭而出。王導等人還守候在朝堂外，見周顗出來，忙連聲呼喚「伯仁，伯仁！」周顗仍不答話，相顧左右說道：「等滅掉這些亂賊，便立了不世之功，可以加官晉爵，快意人生！」言罷，出宮歸家，又上疏晉元帝，表明王導無罪，言辭極其誠懇。而王導對周顗為己申救一概不知，方才聽到周顗之言，

082　建康：今江蘇南京市。

以為他從中作梗，遂生怨恨之心。

當日，就有使者出來宣讀晉元帝詔令，赦免王導等人無罪，將朝服歸還王導，王導入宮謝恩，頓首泣淚道：「奸臣逆賊，歷朝各代皆有，不幸近日叛賊竟出臣族。」晉元帝赤腳下座，扶起王導，等他落座之後，晉元帝說道：「王愛卿，我正要委你重任，你這說的是什麼話？」當即命王導為前鋒大都督，掌管京師一切軍政事務，命劉隗駐守金城[083]，又命右將軍周剀，屯兵石頭城[084]。晉元帝還身披戰甲，巡視郊外諸軍，鼓舞士氣。

王敦率兵一路勢如破竹，抵達建康郊外，欲攻金城，謀士杜弘進言道：「劉隗手中敢死之士眾多，不易攻克，不如先攻石頭城。石頭城雖然易守難攻，但守將周剀刻薄寡恩，他手下部將都不願為其賣命，攻之必敗，周剀一敗，劉隗心存恐懼，必會棄城而逃。王敦依計而行，命杜弘為前鋒，率兵進攻石頭城。城上守軍見杜弘兵將如雲，兵器甲冑閃爍寒光，殺氣騰騰，頓生畏懼，紛紛逃跑。周剀見狀，自知無法迎戰，索性大開城門，迎王敦入城。

石頭城淪陷，建康城門戶洞開。晉元帝得知大驚，慌忙命劉隗和刁協率兵反攻，奪回石頭城。王敦早就列陣以待，等劉隗、戴淵率兵來到城下，王敦趁其立足未穩，突然發動

083　金城：今江蘇江寧縣北。
084　石頭城：在今南京市西清涼山上。

進攻。劉隗、刁協所領兵卒，毫無鬥志，兩軍剛一接戰，劉隗、刁協手下兵卒返身潰逃，劉隗、刁協當場斬了幾名逃兵，怒聲喝道：「臨陣脫逃者，一律處斬！」可兵敗如山倒，哪裡還有挽回的餘地，兩人無奈，只好拔馬奔還。

　　晉元帝收到戰敗，喟然長嘆，命劉隗、刁協帶領家眷各自逃命，爾後派出使者，向王敦提出言和，並進封王敦為丞相，王敦這才罷兵。王敦入朝之後，肆意抓捕、誅殺曾反對過他的大臣。王敦問王導道：「周顗德高望重，天下敬仰，理應位列三公，賢弟認為如何？」王導記恨周顗在危難之時不救自己，默然不答。

　　王敦又問道：「若無法列為三公，讓他擔任令僕[085]如何？」王導又沒說話。

　　王敦於是說：「既然無法重用他，那就殺了他！」王導還是不回答。於是王敦派一隊甲兵前去逮捕周顗。周顗被捕，路經太廟[086]，朝廟宇大呼：「賊臣王敦，敗壞朝綱，亂殺忠臣，神靈有知，當速誅王敦！」話音未了，左右甲兵用戰戟刺其口，頓時血流滿面，牙齒折落，周顗卻面不改色，泰然自若，大罵不止。路邊的人見了，無不為之痛哭流涕。就這樣，周顗從容赴死，終年五十四歲。

　　晉元帝又派侍中王彬去犒勞王敦。王彬先去周顗的墳

085　令僕：尚書令與僕射。亦泛指股肱重臣。
086　太廟：中國古代皇帝的宗廟。

地，痛哭一場，然後才去拜見王敦。王敦見他面容淒慘，雙眼紅腫，臉有淚痕，心生奇怪，便加以詢問。王彬說道：「剛才去悼念周顗，不覺悲從心來，所以流淚。」王敦叱道：「周伯仁自尋死路，以往他在朝中視你為常人，你與他沒什麼情誼，為何要去哭他？」

王彬答道：「伯仁是位仁義的長者，性情耿直，實在難得。況且朝廷剛剛大赦天下，伯仁本無大罪，卻無故被處以極刑，怎能不讓人痛心！」王彬說至此，情緒激憤，怒斥王敦道：「你抗拒君命，違背天理，枉殺忠良，居心不正，如此下去，終將禍及宗族子孫！」

王敦勃然大怒，咆哮道：「你對我這般無禮，以為我不敢殺你嗎？」當時，王導也在場，怕把事情鬧大，勸說王彬叩首謝罪。王彬說道：「我腳痛不能跪拜，況且我又無罪過，為何要謝罪呢？」王敦越發惱怒，額頭青筋「突突」直跳，怒聲道：「腳痛與頸痛相比，哪種更屬害？」說著，從腰間抽出寶劍，欲殺王彬。王導見情形危急，扯著王彬出殿，王敦也沒再去追，就此作罷。

後來，王導在朝中查閱過去的奏摺，翻到周顗為自己開罪的奏書，方知錯怪了周顗，痛哭流涕，懊悔不已，說道：「我雖不殺伯仁，伯仁由我而殺，我有負於冥間這樣的好友了！」

第二章　謹言慎行篇

【古今通鑑】

　　伯仁救王導於水火，卻不肯和王導當面說出實情，反而一改常態，出言刺激王導，結果產生誤會，王敦在王導的默許下，伯仁被殺。如果伯仁能多些謙和，多收斂自己的狂態，多勸慰一番王導，或許就能避免這場悲劇。

第三章　攻堅克難篇

第三章　攻堅克難篇

═ 破釜沉舟浴血殺敵 ═══════

秦二世元年（西元前二〇八年），秦國傾全國之兵力征討各諸侯義軍。秦國大將王離率二十萬大軍包圍了趙王[087]和張耳[088]所駐守的巨鹿[089]。不久，秦國上將章邯在定陶[090]與項梁[091]大戰，項梁兵敗身亡。章邯以為楚軍不足為慮，遂撤兵與王離合圍巨鹿，並在巨鹿以南修建甬道[092]，以保糧草及時從後方運來。

趙王被困數月，眼看城中的糧食越來越少，軍隊士氣不振，不禁大急，派使者向各路諸侯求救。各路諸侯深知秦軍實力雄厚，若是貿然出兵相助，無異於是自取滅亡，所以沒有人敢去迎敵。

見諸侯軍互相推諉，始終不見出兵援助，趙國使者便請求楚王出兵。楚王任命宋義為上將，項羽為次將，出兵解巨鹿之圍。宋義是個紙上談兵之輩，根本不懂用兵之道，等軍隊到達安陽時，宋義卻在此安營紮寨，不再行軍。項羽幾次三番勸說宋義進軍，宋義卻不聽，說：「我宋義戰場殺敵不如你勇猛，但說到用兵布陣，你項羽不如我。」遂又下令三

087　趙王：名趙歇，秦朝末年趙國王族。
088　張耳：趙國相國。秦亡後項羽封為常山王，後劉邦改封為趙王。
089　巨鹿：今河北平鄉。
090　定陶：今山東省菏澤市定陶縣。
091　項梁：秦末著名起義軍首領之一，楚國貴族後代，項燕之子。項羽的叔父。
092　甬道：兩側築牆的通道。

軍：凡是強出頭、不服從命令者，一律斬首！」項羽大怒，在軍帳中斬了宋義，並通告三軍道：「宋義有謀反之意，楚王密令我誅殺。」諸將不敢有異議，紛紛擁護項羽為代理上將軍。後來，楚王得知此事，便正式任命項羽為上將軍，發兵救趙。項羽這一壯舉迅速傳遍了楚國，楚國上上下下都在誇讚項羽。

項羽先挑選精兵兩萬，任命當陽君和蒲將軍做先鋒，先渡黃河去解救趙國，自己會帶餘下人馬隨後趕到。當陽君和蒲將軍剛到巨鹿，就與秦軍遭遇，雙方大戰。雖然楚軍只有兩萬人馬，但個個驍勇善戰，不僅挫敗秦軍的銳氣，還切斷了章邯修建的糧道。如此一來，秦軍糧草供應不上，軍隊士氣大減。

楚軍拔寨引兵渡過黃河後，項羽暗想：現在秦軍強大，我軍弱小，如果無法拚命衝殺，恐怕全軍都要被秦軍所滅。更何況其他諸侯軍的將領皆是貪生怕死之輩，絕不會發兵相助。現在唯一的勝算就是，激發將士的勇氣，讓他們以一當十、以一當百，秦軍必敗！遂向軍中下令，先讓士兵們把所有的船都鑿沉。當時，項羽在軍中的威望很高，士兵們心中疑惑，卻不敢怠慢，找來工具，通通一陣亂響，不大一會兒，無數大船漸漸沉沒水中。

項羽接著又威風凜凜地下令：全軍軍帳一概放火燒掉，所有做飯用的鍋全部砸爛，所有兵將只帶三天口糧。將士們

第三章　攻堅克難篇

彷彿意識到了什麼，隨項羽一聲令下，他們嗷嗷直叫，揮舞大刀砸鍋的，放火燒軍營的。頃刻間，軍營火光沖天，砸鍋毀碗之聲響徹雲霄，良久，一切歸於沉寂後，項羽才站在高處向全軍喊話。項羽身高八尺，面相魁岸，以勇冠三軍威震天下，只聽得他大聲喊出，聲震四方，連方陣最後的士兵都能聽得格外真切：「天下苦秦久矣，我有幸率領關中弟子討伐秦朝。今日此戰凶險萬分，我已做好戰死沙場的準備，所以我懇求眾將士能隨我打敗秦軍。現在形勢是敵強我弱，我們只有三天糧食，若是三天打不退秦軍，我們必死無疑！所以成敗在次一戰！」項羽說完，將士們個個氣血湧動，五臟六腑撲通直跳，遂高聲大呼，震天動地。

項羽率領部隊剛到巨鹿，就與王離的部隊遭遇，大戰立即爆發。楚軍的將士如猛虎下山，衝入秦軍，左衝右殺，個個以一當十，有的楚兵胳臂胸上中箭，不由怒聲高喝，一邊拔箭一邊揮舞大刀向秦兵衝去。秦兵哪裡見過這樣凶悍的人，丟盔棄甲落荒而逃，秦軍大敗，秦將王離被俘。

秦軍敗逃後，巨鹿之圍已解，項羽入城召見其他諸侯軍的首領。他們個個膽戰心驚，剛入轅門，不由得腿腳發軟，跪在地上向前走，沒有一個人敢抬頭看項羽。

從此，項羽威名更盛，成為諸侯軍中的上將軍，各路諸侯軍皆歸他統帥。

【古今通鑑】

巨鹿一戰，秦朝主力盡喪，不久便滅亡了。也正是因為此戰，項羽威震天下，留名後世。非常之人所做之事絕對不會平凡，項羽敢在自己的陣營中手刃主將，率領全軍砸鍋毀船，背水一戰，最終取得勝利。這種讓人為之振奮的勇氣和魄力不是一般人能做到的。

═ 智陳湯一劍定天山 ═══

西元前三十六年，郅支城頭彩旗飄舞，數百名帶甲武士控弦持械，箭頭直指城外。城外三里，一支由漢人和西域各國組成的聯合軍隊安營紮寨，旗幟在大漠的風中獵獵作響。大軍與郅支城[093]之間形成一個真空地帶，人畜辟易，再過不久，這裡將成為一處戰場，箭頭將穿透年輕的軀體，鮮血將染紅沉默的黃沙。

此時距離張騫鑿空[094]西域之行已經過去九十年了。早些時候，中原漢朝對匈奴幾番征戰後最終樹立了在西域地區的絕對權威，著手經營西域。匈奴大單于虛閭權渠死後，匈奴內部分裂，大漠上狼煙再起，五位單于爭奪王位，相互征

093　郅支城：在今哈薩克斯坦南部江布林州江布林市。匈奴郅支單于西遷康居後修築。

094　鑿空：古代稱對未知領域探險為鑿空。

第三章　攻堅克難篇

戰。其中郅支一部吞併周邊小國，實力見長，成為北匈奴之首，南匈奴在呼韓邪單于的帶領下歸順漢朝，而郅支單于卻囚禁漢朝使者江乃始，又殺漢使谷吉。害怕漢朝報復的郅支單于率部西逃至康居[095]，娶康居王女兒，後又殺康居王全族，強令周邊小國年年進貢，橫行千里，流毒四方。北匈奴在郅支單于帶領下日益強盛，稱霸西域，有不臣之意。

漢朝三次派使者去康居索要漢使谷吉的遺體，郅支單于不但沒有給，反而上書嘲諷漢朝道：「居住的地方這樣窘困，真心希望歸順大漢，請讓我的孩子入朝侍奉吧。」郅支單于所處的位置離大漢千里之遠，故而狂妄如此。

當時甘延壽出任西域都護府校尉，副校尉陳湯，兩人奉命出使西域，隨行只有為數不多的護衛。大漢國境上，陳湯對甘延壽說道：「如今郅支單于殘虐凶狠，虎視西域，要是任其發展，恐怕西域要出大麻煩，雖然他身居遠地，卻沒有堅固的城牆可以依靠，也沒有強弩之兵可以保護，如果我們啟用屯邊的將士，調動烏孫國[096]的兵力，直接殺到他的都城，他想逃也沒地方可藏，想守也守不住，千年的功業一朝之日就可以建立了！」

甘延壽猶豫不決，又病倒在床，陳湯不甘心坐失良機，

095　康居：古西域國名。
096　烏孫國：是東漢時由游牧民族烏孫在西域建立的行國，位於巴爾喀什湖東南、伊黎河流域，立國君主是獵驕靡。

便假冒聖旨調集各路兵力，甘延壽聽聞這一消息時驚坐起，想制止陳湯，陳湯大怒，按劍罵道：「如今大軍都已經到齊，你想惑亂軍心嗎！」甘延壽不敢不從，於是檢點兵馬，得四萬餘人，一番約束和訓練後，大軍分三路朝敵人腹地進發。

郅支城頭，郅支單于俯視密密麻麻的漢胡聯軍頭皮發麻，派出使者問道：「大軍為何來到此處？」

「上次單于說住的地方太破，想歸順我大漢，今天我們來就是特地幫你搬家的。」

郅支城城門緊閉，甘延壽、陳湯說道：「我等不遠千里來到此處幫你搬家，人困馬乏，不但沒見到單于，還不讓我們進去，單于何必這麼小氣，不盡主客之禮？」

第二天，大軍開到離郅支城三里的地方，乾燥的空氣緩慢流動在人群上空，兵器反射出陽光，敵人策馬在眼皮下。陳湯一聲令下，漢軍突發進攻，郅支單于在馬背上起家，毫無守城經驗，見漢軍攻勢凶猛，城中守將毫無抵抗能力，嚇得四處奔逃，漢軍幾乎兵不血刃攻入城中，斬殺了郅支單于，俘獲敵兵一千餘人。

數月後，陳湯呈上一封流傳千古的捷報給漢元帝劉奭（ㄕˋ）：「臣聞天下之大義，當混為一。匈奴呼韓邪單于已稱北藩，唯郅支單于叛逆，未伏其辜，大夏之西，以為強漢不能臣也。郅支單于慘毒行於民，大惡逼於天。臣延壽、臣

湯將義兵，行天誅，賴陛下神靈，陰陽並應，陷陣克敵，斬
郅支首及名王以下。宜懸頭槀於蠻夷邸間，以示萬里，明犯
強漢者，雖遠必誅！」

【古今通鑑】

　　事情迫在眉睫的時候就應該馬上去辦，如果因為一
些繁文縟節的小事而錯過機會，哀莫大焉。古往今來無
數事例驚醒著我們，如樊噲言：成大事者不拘小節。凡
事當應當抓住機遇，盯著目標全力而為，便可臻成功。
陳湯在仔細分析過形勢後，當機立斷，矯旨破敵，立下
了不世之功，一句「明犯強漢者，雖遠必誅！」威震四
海，千百年來迴盪在中華民族的歷史上空。

＝ 關雲長放水淹七軍 ＝

　　建安二十四年（西元二一九年）六月，劉備大敗曹軍，
向西奪取漢中後，實力大增。乘著勝利之勢，劉備按照諸葛
亮的戰略，準備從東邊的荊州進攻中原。七月，吳主孫權想
攻取合肥，曹操便把大部隊調往淮南[097]防備吳軍。鎮守荊州
的蜀國大將關羽，決定乘機進攻曹軍。他令部將麋芳鎮守江

097　淮南：今安徽省淮南市。

陵[098]，傅士仁鎮守公安[099]，自己親率主力進攻樊城[100]。

樊城曹軍的守將曹仁得知關羽來攻，立刻飛報曹操，請求援兵。曹操派于禁和龐德兩員大將率領七隊兵馬，日夜兼程，前去援助。曹仁見援兵已至，命于禁、龐德二人屯兵於樊城外的平地上，與樊城相互接應，使關羽無法攻城。

正當雙方相持不下之時，樊城一帶連降暴雨，襄江河水氾濫，平地的水也有一丈深。關羽登高眺望水勢，忽然有了破城之法，便命部下準備舟筏，收拾武器裝備，又派人堵住江口，準備水灌樊城。龐德也考慮到屯兵之地地勢較低，首當水沖，便準備明日將部隊移到高地。

就在這天夜裡，天降暴雨，狂風驟起，洪水暴漲，大水從四面八方湧來，于禁的七軍頓時大亂，四下奔逃。于禁還不知水從何來，慌忙和部下逃往高處避水。只有龐德毫無懼色，橫刀躍馬，在水中察看軍營被淹的情況。

此時東方既白，忽聞鼓聲大作，許多輕便戰船順水殺來，關羽手持青龍偃月刀，居中指揮。于禁及其部將被圍在一個土堆上，四面環水，水深幾丈，于禁毫無退路，只好繳械投降。

098　江陵：汀陵，又名荊州城。位於湖北省中部偏南，地處長江中游，江漢平原西部，南臨長江，北依漢水，西控巴蜀，南通湘粵，古稱「七省通衢」。

099　公安：位於湖北省中南部邊緣，長江南岸，東聯漢滬，西接巴蜀，南控湘粵，北通陝豫，有「七省孔道」之稱。

100　樊城：樊城區位於湖北省西北部。

第三章 攻堅克難篇

　　龐德帶領一隊人馬在一個河堤上避水。關羽命部隊圍住河堤，在戰船上不斷放箭，箭如雨發，曹軍有不少人中箭身亡。龐德身穿鎧甲，威風凜凜，拉弓搭箭，箭箭斃命，射死了不少蜀軍，曹軍見主將如此悍勇，個個精神振奮，拚死抵抗。

　　雙方戰到午時，龐德的箭已用罄，遂命部下拔出匕首與蜀軍搏鬥。龐德越戰越勇，但此時水位不斷上漲，堤上所露之地越來越少。關羽下令猛攻，曹軍見大勢已去，紛紛投降。

　　龐德確實勇悍過人，趁著大亂，他躍入堤岸一隻小船上，一刀砍翻蜀兵，欲逃往樊城。不料一個浪頭襲來，將小船掀翻，龐德落入水中，被關羽的士兵生擒。

　　蜀軍的士兵將龐德帶到關羽帳中，士兵讓他跪下，龐德屹立不跪。關羽好言相勸，讓其投降。龐德大罵道：「關羽匹夫，我至今還不知投降二字如何寫！魏王手握雄兵百萬，威震天下；你的主公劉備不過是個織席販履的小兒，怎能和魏王相匹敵？」關羽大怒，當即命人將龐德推出斬首。

　　關羽已滅于禁、龐德七軍，便乘著水勢未退，命蜀軍分坐戰船，趁勝進攻樊城。此時，樊城裡汪洋一片，到處都是水，城牆被浸塌數處。曹仁手下將領，無不膽寒，紛紛勸諫曹仁道：「現在情勢緊急，不是我等能扭轉局面的，還是趁關

羽未完成合圍之勢,趕緊乘小船逃吧!」

　　曹仁也覺得樊城守不住了,正欲備船出走,大將滿寵急忙勸諫道:「山洪暴至,不會持續太久,用不了多久,水便會自退。我聽說關羽已派部隊向北攻下郟下[101]。關羽之所以不敢自己率軍北上,就是擔憂我軍會截斷他的後路。若是我們棄城而去,那麼黃河以南的地區都會被他占領。還是請將軍固守城池。」曹仁覺得滿寵說得有道理,遂與將士們盟誓,誓與樊城共存亡。

　　後來,荊州刺史和南鄉太守都投降了關羽。其他地方也有人起兵回應關羽。從此,關羽的威名震動了整個中原。

【古今通鑑】

　　古人云:「善戰者,見利不失,遇時不疑。」面對于禁強大的七軍,關羽巧借天時,利用雨水不斷,河水暴漲,抓住戰機,決堤水淹七軍,而後憑藉自己強大的水軍,乘隙殺入敵人的陣營,大敗曹軍,于禁投降,龐德被殺,成功粉碎了樊城的外援,經此一戰,關羽威震華夏。

101　郟(ㄐㄧㄚˊ)下:今河南郟縣。

＝ 劉裕密謀代晉成宋 ＝

　　劉裕是東晉末年著名的軍事家，他出身於一個貧困家庭，生活十分窘迫。為了生存下去而從軍，沒花費多少年，他就從一個普通的士兵成長為一位優秀的軍事將領。

　　西元四○三年，荊州[102]刺史[103]桓玄起兵造反，廢晉朝自立。但不久，桓玄就被劉裕消滅，擁晉安帝司馬德宗復位，從此他的權勢更甚，一時無人能及，也就有了更大的野心。

　　為了知道自己在有生之年能否坐上九五之尊的寶座，劉裕還特意求神占卜，卦辭上說：「昌明之後有二帝。」劉裕看了不禁大喜道：「昌明是晉孝武帝司馬曜（一ㄠˋ）的字，他後面的兩個皇帝一個是司馬德宗，另一個是司馬德文。要是按照這麼說，那麼晉朝除了這二人之外，就沒有皇帝了，那接下來的皇帝不就是我劉裕嗎？」劉裕便立刻展開了他的篡位行動，因為他已年過半百，若是再不抓緊時間，恐怕此生都與帝位無緣了。

　　劉裕買通晉安帝身邊的侍從，給了他毒藥，讓他找機會毒死晉安帝。晉安帝雖然不聰明，但他的弟弟司馬德文卻是個聰明絕頂的人，他早就察覺到劉裕圖謀不軌之心，擔心晉

102　荊州：今湖北荊州市。
103　刺史：中國古代職官名，本為御史的一種，始於漢代。「刺」是檢核問事的意思，即監察之職。「史」為「御史」之意。

安帝的安危，遂天天守在晉安帝的身邊，寸步不離左右，劉裕買通的侍從一時無從下手。劉裕無奈，只好再耐心等待機會。終於，有一天，司馬德文生病外出治療。司馬德文剛走，劉裕便收到密報，立刻派出親信、中書侍郎[104]王韶之潛入宮中，用繩子活活地把三十七歲晉安帝勒死了。晉安帝一死，劉裕假傳遺詔，擁立司馬德文為帝，史稱晉恭帝。

司馬德文明知劉裕就是殺害哥哥的凶手，但自己的權力早被架空，沒有一個親信，只能極力隱忍。司馬德文繼位的第二年（西元四一九年），司馬德文在劉裕親信的逼迫下，下詔封劉裕為宋王。

劉裕對皇位垂涎三尺，他本來希望司馬德文把皇位禪讓於自己，但很長時間過去了，司馬德文沒有一點讓位的意思，他又不好點破。於是他想到了一個辦法。

劉裕在府中設宴招待百官，酒過三巡，劉裕裝作很隨意地說：「當年桓玄篡位奪基，我劉裕率兵征討，復興了晉朝，而後又南征北戰多年，終於得天下太平，可謂功德圓滿，承蒙皇帝的恩賜九錫之尊。如今我已是風燭殘年，地位尊崇無比，無以復加，天下所有的事最忌諱做得過於滿而溢出來，那樣就不得善終了。我打算將爵位奉還給皇上，回到京師頤養天年。」

104　中書侍郎：中書省的副官，幫助中書令管理中書省的事務。

第三章　攻堅克難篇

　　群臣沒有聽出劉裕話中的弦外之音，只是一味地頌贊他的功德。酒宴持續到半夜，群臣方才散去。中書令[105]傅亮在回家的路上，突然悟出宴席上劉裕話中的含義，忙折返宋府，對劉裕說道：「我應該立刻回到京師。」說完，兩人心照不宣地相視一笑。劉裕問道：「你需要多少隨從？」傅亮答道：「十餘人足矣！」傅亮離開宋王府時，已是深夜，無意中抬頭發現，天空有一顆慧星劃過漆黑的夜空，傅亮不禁撫掌嘆道：「我過去一直不信天象，今天卻不得不信了，看來天下真要有所變化了。」

　　不久，傅亮便到了京師建康，四處活動，拉攏人心，而晉恭帝對此卻一無所知。不久，晉恭帝宣劉裕進京輔政。劉裕很快就到了建康，傅亮知道動手的時候到了，便拿著提前寫好的禪讓詔書，威逼晉恭帝，讓他按照草稿重新謄寫一遍。晉恭帝絲毫不覺驚訝，似乎早已料到會有這一天，遂提起御筆，認認真真地謄寫了一遍禪讓詔書。

　　西元四二〇年，劉裕正式登基，結束了東晉的統治，大赦天下，改國號為「宋」，進入南北朝時期，為了與後來的宋朝相區別，史稱「劉宋」。

　　西元四二一年，劉裕擔心自己死後，晉恭帝會復辟，為了永絕後患，他派人用被子悶死了晉恭帝。

105　中書令：中書令是古代一度相當於宰相的官職。

【古今通鑑】

劉裕是中國歷史上為數不多的草根帝王之一。他年輕的時候一事無成，貧困交加，以砍柴為生，經歷了一段非常歲月。後來，為了生存下去而從軍，沒想到命運從此改變，一步步走上帝王之位。自古成大事者無不是經歷過種種磨難；孔子在陳受厄；淮陰侯乞食於漂母；司馬遷遭宮刑而世傳《史記》。劉裕為奪取帝位而不擇手段，殘害兩主，實在有些卑劣，但他堅強的品格還是值得學習的。

魏孝文帝計遷都城

孝文帝是南北朝時期北魏的第六位皇帝，為獻文帝拓跋弘的長子，原名拓跋宏，後改為元宏。

起初，魏國的都城在平城[106]。平城地處北方，自然條件惡劣，屢有天災的困擾，十分不利於發展農業生產，再加之孝文帝想學習漢族文化，使鮮卑族得到進一步的發展，就有了遷都之心，想將都城從條件惡劣的雁門關[107]外遷都到富裕的中原。孝文帝深知，此舉勢必會遭到已經習慣北方生活習

---

106 平城：今山西省大同市。
107 雁門關：又名西陘關，位於山西省雁門山中。

第三章　攻堅克難篇

性的鮮卑大臣的反對，思來想去，他決定以征討南齊為名，將都城遷到洛陽。

孝文帝召來心腹大臣拓跋澄，把遷都之意告訴了他，說：「我知道此事不容易做到。平城只是用武之地，不適合治理教化。現在不斷有漢人遷居我們的疆域內，我們要在平城移風易俗，是極難做到的。所以，我打算借南伐的名義，遷都洛陽。」

拓跋澄沉思片刻，說：「陛下要遷都中原，是為了進一步壯大我們的實力，以達到統一全國、經略四海，這也正是以前周成王、漢光武帝為我們留下的成功經驗啊！」

孝文帝聽了，卻皺著眉頭說：「北方人已經習慣了舊的生活習性和方式，到時，必然會引起很大的恐慌和騷亂，怎麼辦？」拓跋澄回答說：「只有不平凡之人才能做好非常之事，陛下果斷剛毅，諒他們也不敢反對。」孝文帝高興地說：「當年在謀臣張良的建議下，高祖劉邦決心遷都長安，結果為子孫後代奠定了百年基業。而今，你就是我的張良啊！」

接著，孝文帝又將朝中漢族大臣、尚書李沖召集到一起，做了祕密部署，下令訓練兵馬，在與南朝接壤的揚州、徐州等地徵用民夫，招募將士，擴大軍隊。不久，一切部署完畢，孝文帝正式宣布南伐，親自統帥三十萬大軍，從平城出發南下，欲以「南伐」為名完成自己的遷都大計。

當時正值秋季，大軍到達洛陽時，霪雨綿綿，道路泥濘不堪，輜重馬車都深陷泥中，行軍極其緩慢。可是，孝文帝身著戎裝，騎馬執鞭，下令軍隊繼續南行。文武百官都勸說孝文帝暫時停留數日，待大雨停歇後再行軍。孝文帝說道：「朝廷大計，我已經決定，大軍是不會停止前進的步伐，你們休要多言！」說著，揮鞭欲進。尚書李休趨跪馬前，勸諫道：「此番南征，天下人都不願意，只是陛下的個人願望罷了。我等也有想法，只是苦於無法表達，所以只有冒死勸諫。」

孝文帝大怒道：「此次大舉南征，聲勢浩大，若是半路撤兵，如何向後人交代？不過……」說至此，孝文帝口氣稍微緩和了一些，繼續說道：「放緩南伐也可以，不過要把京都遷到洛陽，這樣就不至於師出無名。如果諸位有贊成遷都者，站在左邊，不贊成遷都者站到右邊。」群臣聽了，知道如果不同意遷都，孝文帝肯定還會堅持南伐，在這樣的條件下，南伐是絕對不會取得勝利的，結果必然會使國家陷入混亂，因此勉強同意了遷都。孝文帝見百官都同意了，心中大喜，當即入城休兵，犒勞將士，宴請百官。

孝文帝遷都洛陽的舉措，不僅展現了一代帝王的雄才大略，而且使鮮卑族得到了發展，促進了各族之間的文化交流和融合，為以後形成和發展盛唐文明奠定了基礎。

第三章　攻堅克難篇

【古今通鑑】

　　如果當時孝文帝直接提出遷都大計，徵詢群臣的意見，必然會遭到強烈的反對，遷都之計必會流產。很顯然，孝文帝正是考慮到這點，巧妙採用迂迴之術，使出南征之計。對於這個不切實際的征討計畫，群臣本來就不贊同，後來洛陽下雨，群臣力諫孝文帝停止南征，孝文帝這時亮出「遷都洛陽」替代「南征」的底牌，群臣見孝文帝做出了讓步，自然不好反對，只能同意遷都。孝文帝遷都之計成功，是因為他深諳人的心理使然。

＝ 韜光養晦楊廣奪寵 ＝

　　西元五八一年，楊堅代北周稱帝，即隋文帝，建都大興[108]，國號隋。隋文帝在位期間，克己復禮，精心治國，使隋朝迅速強大起來。西元五八七年滅後梁，西元五八九年滅陳，結束了自西晉末年到隋朝統一前近三百年的分裂割據狀態，完成了統一中國的大業。

　　然而，強大的隋朝僅僅存在了三十八年，共歷兩帝，就滅亡了，究其原因，還是隋文帝的兒子楊廣造成的。

　　楊廣總共有五個兄弟，老大是楊勇，楊廣是老二，老三

108　大興：今陝西西安。

是楊俊，老四是楊秀，最小的是楊諒。楊堅建立隋朝後，立長子楊勇為太子，封楊廣為晉王。在滅陳的戰鬥中，楊廣認為自己的功勞在楊勇之上，現在楊勇被立為太子，他心生不滿，想取代楊勇太子的位置。

楊勇性格溫和，喜歡享樂，自從當上太子後，生活更加奢侈浪費，還冷落了母親為他精心挑選妻子元氏，一直提倡節儉的隋文帝對此感到十分惱火。楊勇還過分地接受百官的朝拜，隋文帝聽說後更加氣憤，漸漸冷落了楊勇。這正好為楊廣上位提供了機會。

楊廣比起楊勇，更工於心計，也更善於偽裝。他知道隋文帝最討厭奢侈浪費，在眾人面前裝作十分節儉，私下的生活卻比楊勇還奢侈。平日裡楊廣十分孝順父母，聽說父母要來時，他便會和正妻蕭氏一起出門迎接。楊廣的種種做法果然很討隋文帝的歡心，心裡很高興。

除此之外，他還廣結人脈，花費大量的金錢賄賂隋文帝身邊的侍衛，讓他們在隋文帝面前多說自己的好話。過了不久，楊廣在朝中有了很大的名聲，人人都誇讚他仁義有美德。而楊勇越來越不得隋文帝的喜歡。楊廣見時機成熟，便加快了奪太子之位的步伐。

一次，楊廣進宮看望母親，臨別之時，他突然跪在地上，泣不成聲。母親忙問他為何要哭。楊廣裝出一副可憐兮兮的樣子，說哥哥楊勇生怕被他奪去太子的位置，想要謀害

他。母親對楊勇的印象一直不好，現在聽楊廣這麼一說，傷心的同時對楊勇也更加失望了。

隨後，楊廣的親信宇文述又獻計給他，請朝中大臣楊素幫忙。楊素是隋文帝最為倚重和信任的大臣，如果能讓楊素站到自己這邊，那麼，奪取太子之位便是十拿九穩的事。

為了能得到楊素的支援，楊廣決定先拉攏楊素的弟弟楊約，楊約是哥哥楊素的智囊，楊素很多事情都要徵求他的意見，他肯定能說服楊素向隋文帝提出改立太子的事情。為了討好楊約，宇文述在楊廣的授意下，經常陪他去賭場賭博，而且經常故意輸給他很多錢。時間長了，兩人成了無話不談的好友。宇文述見時機成熟，便找了個機會對楊約說：「你和令兄不久就會有性命之憂！」楊約大吃一驚，忙問其故。宇文述說道：「你兄弟二人和太子楊勇素來不和，這是人盡皆是的事情。如果有一天楊勇繼承皇位，必會報復你二人。」楊約聽了更加惶恐不安，忙問宇文述有何對策。

宇文述說道：「其實皇上早有廢掉楊勇改立楊廣為太子之意。你只要說服你哥哥楊素，讓他向皇上奏請此事，順應皇上本意，立楊廣為太子。事成之後，楊廣必定會重謝你們兄弟二人的，這樣問題就解決了。」楊約想了想，便答應了。就這樣，在楊素的幫助下，隋文帝終於廢掉楊勇，改立楊廣為太子。

楊廣為了鞏固自己的太子之位，暗中唆使楊素編制罪名，陷害弟弟楊秀。西元六〇四年，隋文帝病倒在仁壽宮。楊廣覬覦皇位已久，現在一刻也不想等了，想乘機殺掉隋文帝，便寫信徵求楊素的意見。不料，陰差陽錯，信使將楊素的回信，誤送到宮中，隋文帝取信一看，勃然大怒，馬上命人傳楊勇進宮，想重新傳位給他。

很快，楊廣就得知了這個不利的消息，知道若是自己一時手軟，將永無出頭之日，遂謀殺了尚在病中的隋文帝，並假傳詔書，派人用繩子勒死了楊勇。

楊諒得知楊廣弒父殺兄，慘無人道，遂起兵征討，但不久就被楊廣鎮壓了。楊廣終於登上了夢寐以求的皇位，即隋煬帝。

【古今通鑑】

隋文帝挑選繼承人十分慎重，對德尤其看重，楊廣正是抓住了他這一點，乘虛而入，用偽裝欺詐的手段騙取隋文帝的信任，先奪取太子之位，再弒隋文帝，最終登上皇帝的寶座，手段可謂殘忍毒辣。自從他登上皇位後，他本性壞的一面便顯露了出來，奢侈荒淫，濫用民力，結果很快導致了隋朝的滅亡。

郭子儀單騎見回紇

　　唐代宗李豫時期，曾經在平叛「安史之亂」立過戰功的大將僕固懷恩，因不滿唐朝對他的種種待遇，遂圖謀造反。僕固懷恩先派使者聯絡回紇[109]和吐蕃[110]，哄騙他們說：「唐朝最會打仗的郭子儀已被僕固懷恩所殺，皇帝也身患重病，我們可以聯手反唐，瓜分唐朝的土地。」回紇和吐蕃信以為真，決定起兵反唐。

　　西元七六五年，僕固懷恩與回紇、吐蕃合兵一處，共幾十萬大軍進攻唐都長安[111]。然而，大軍行至半路，僕固懷恩突然暴病而亡。回紇、吐蕃知道箭已在弦，不得不發，遂整頓軍隊進攻唐軍，唐軍力不能敵，節節敗退。回紇、吐蕃聯軍一路勢如破竹，很快便打到了長安北邊的涇陽[112]。消息很快就傳到長安，朝野恐慌，宦官魚朝恩更是被嚇得不輕，扯著公鴨嗓子對唐代宗說道：「皇上，我們還是到別處躲避一陣吧。涇陽一旦被回紇、吐蕃聯軍攻陷，長安就危險了。」唐代宗也有避難之心，但在大臣的極力反對下才作罷。大臣們紛紛建議說要打退回紇、吐蕃聯軍，非得依靠郭子儀不可。

109　回紇：回鶻，中國古代北方及西北的少數民族。原稱回紇，唐德宗時改稱回鶻。
110　吐蕃（ㄈㄢ）：藏族的祖先，在青藏高原、四川、雲南、甘肅、寧夏這一帶。
111　長安：今陝西西安。
112　涇陽：今陝西涇陽。

當時，郭子儀正帶兵駐守在涇陽，他深知自己兵力不足，無法和敵人硬拼，只能等待時機。他命令唐軍堅守城池，不得出城交戰，然後下令積極修築防禦工事，同時，派出探子潛出城打探消息。

很快，探子來報說，由於回紇和吐蕃兩支軍隊都歸僕固懷恩統一指揮，現在僕固懷恩死了，回紇和吐蕃為爭奪指揮權鬧得不可開交。原來駐紮在一起的部隊現在也分開駐紮了。郭子儀聽後，大喜道：「這真是個千載難逢的機會！」遂決定從敵人內部開始分化，讓敵人自行崩潰退兵。在安史之亂的時候，回紇將領藥葛羅曾和郭子儀並肩作戰過，親如兄弟。郭子儀決定先說服回紇退兵，然後再圖吐蕃。

當夜，郭子儀派使者潛入回紇的大營，對藥葛羅說：「郭將軍讓我問你，回紇和唐朝本來能友好相處，你為何要起兵反唐？」藥葛羅聽後，驚訝地問道：「郭將軍不是已經不在人世了嗎？難道他還活著？」使者解釋說：「我們將軍活得好好的，現在就駐守在涇陽。」但是無論使者怎麼解釋，藥葛羅就是不信，說要是郭將軍還在，就請他到營中一敘。

使者無奈，當即辭出，回去將藥葛羅的原話轉述給郭子儀。郭子儀聽後，沉吟一番，決定親自去一趟回紇營。唐軍將領要派出士兵保護郭子儀，卻被郭子儀拒絕了。他翻身上馬，正待要走，他的兒子郭晞突然攔在馬前說：「您作為軍

中最高統帥，怎能拿自己的性命開玩笑呢？萬一您有什麼不測，我們又該如何應對？」郭子儀笑道：「現在敵強我弱，一旦開戰，不僅我們父子性命難保，整個國家也危險了。現在我去和藥葛羅談判，如果談判成功，他願意退兵，那麼國家就會安全，一旦我遇到什麼不測，你們一定要誓死保衛大唐。」說著，用鞭子抽開郭晞的手，飛奔出城，朝回紇大營去了。

回紇士兵見有人騎馬飛奔而來，忙向藥葛羅稟報。藥葛羅一聽唐軍來襲，不由大吃一驚，忙傳令士兵擺開陣勢迎敵。待他走到陣前，卻只見一人一騎，不見有大隊唐軍，再仔細打量來人，藥葛羅不由失聲叫道：「郭將軍，你真的沒死？」

郭子儀爽朗大笑道：「你不退兵我怎麼能死？」說著，下馬卸甲解劍，旁若無人走到藥葛羅面前說：「你們回紇曾替我大唐立過戰功，此時為何突然反目起兵攻打我大唐？」藥葛羅慌忙解釋道：「我也是受了僕固懷恩的挑撥，他說您已經死了，唐朝皇帝也得了重病，唐朝一片混亂，所以我才敢來。現在您安然無恙，我怎敢和您打仗呢？」

郭子儀說道：「唐朝和回紇本來能友好相處，現在吐蕃犯上作亂，我們不如結成盟約共同攻打吐蕃。」藥葛羅本來就不願意和唐朝為敵，現在聽郭子儀這麼說，遂借坡下驢，爽快地簽訂了盟約。

很快，吐蕃便聽說回紇和唐軍結盟的消息，慌忙將軍隊連夜撤走了。

【古今通鑑】

> 郭子儀是中唐名將，在平叛安史之亂中，他收復洛陽、長安兩京，功居平亂之首，晉升為中書令，封汾陽郡王。唐代宗時，大將僕固懷恩勾結外族起兵反唐，郭子儀考慮到國家的利益，果斷獨身會見回紇將領，正確地與回紇結盟，共破吐蕃。郭子儀戎馬一生，屢建奇功，大唐正是擁有他才獲得二十年之久的安寧。

═ 李愬雪夜奇襲蔡州 ═

李愬，字元直，自幼熟讀兵書，謀略過人，擅長騎射，後被唐憲宗李純任命為將軍，統領唐軍平定淮西之亂。

當時勢力最大的叛軍首領吳元濟駐守在蔡州城[113]李愬決定先攻下蔡州城，滅掉吳元濟後，其他叛軍自會潰敗。元和十二年（西元八一七年），李愬為攻取蔡州城做準備，凡是有被俘士兵，他必親自盤問，因此對叛軍的情況十分了解。降將李佑向李愬獻計道：「蔡州城中的一些精銳士兵多數據守

113　蔡州：今河南汝南。

在蔡州城四周,而蔡州城中的守衛多是老弱殘兵,可以趁蔡州城內空虛,長驅直入,等蔡州城外的士兵反應過來,我們已經入城捉住了吳元濟。」李愬思慮一番後,覺得十分有道理,遂決定依計而行。

十月的一天,天降大雪,天寒地凍,滴水成冰。李愬的探子來報說,蔡州城外守軍戒備鬆弛。李愬起身外出看著鵝毛大雪,不由精神為之一振,說道:「大丈夫建功立業的時候到了!」遂命令史旲留守文城[114],派遣李祐、李忠義率領三千精兵作為突擊先鋒,李愬親率三千士兵為中軍,將軍李建成率領三千士兵墊後,共九千唐軍向蔡州進發。

軍隊剛出發時,除了軍中主要將領外,其他將士們不知道要去哪裡,去攻打誰,李愬只是命令全軍將士口銜木棍向東進軍。東行六十里後,唐軍到達張柴村,那裡的守軍懶懶散散的,三五個聚在一起喝酒的,講粗俗笑話逗樂的,根本沒有戒備,唐軍突然發起進攻,全殲張柴村守軍。唐軍在張柴村稍作休整,李愬重新整頓軍隊,留下一千士兵鎮守,然後帶著八千士兵直奔蔡州。這時,一些將士再也忍不住問李愬道:「將軍,我們雪夜行軍要去攻打誰?」

李愬這才以實相告道:「攻下蔡州城,活捉吳元濟!」眾將士聽了大驚失色,吳元濟可不是好惹的角色,這點唐軍能

114　文城:位於河南省遂平縣西南部。

攻下蔡州城嗎？但軍令如山倒，眾將士不敢多言，只得冒雪行軍。

此時，已經入夜，狂風夾雜著暴雪撲面而來，打在臉上發疼，就連軍旗也被吹破，戰馬凍得直哆嗦。出了張柴村，唐軍中沒有人能認得去蔡州城的路，將士們都認為這次必死無疑。但是，他們卻畏懼軍紀，半路上沒有一個人敢逃走。

唐軍急行軍七十里，終於到了蔡州城下。李愬忽然想到自己帶這麼多人馬，如果有點響動驚動了城內的守軍，豈不是壞事？這時，李愬身旁的一個士兵小聲嘟囔道：「那裡還有一個鵝鴨池。」李愬四處張望，不遠處果然有個鵝鴨池，他心念一頓，計上心頭，馬上派出一隊士兵，每人手持一根木棍，輕輕潛伏到池塘邊，舉棍亂打，那些擠在一起取暖的鵝鴨被打得羽毛亂飛，放聲大叫。這聲音正好能掩蓋住行軍的聲音。

自蔡州反唐以來，唐軍已經有三十多年沒到過這裡了。吳元濟想破腦袋也不會想到唐朝會突然出兵征討自己，以至於唐軍的先遣部隊潛入城中，那些守軍都沒能發現，個個鼾聲如雷，在睡夢中都被唐軍斬殺，但唯獨留下打更之人，讓他照常打更，以免引起敵人懷疑。唐軍先遣部隊占領城頭後，立刻打開城門，讓唐軍主力入城。這時，蔡州城裡有的守衛發現情況不妙，急忙向吳元濟稟道：「唐軍攻入城中

了。」吳元濟大睡未醒，迷迷糊糊地喝道：「什麼唐軍，定是那些俘虜作亂，等天亮我親自收拾他們！」不大一會兒，又有人驚慌稟道：「唐軍已占領蔡州城！」吳元濟卻還不以為然地說：「肯定又是城外的弟兄和我要棉衣的！」

雞鳴時分，李愬派人傳見吳元濟，吳元濟此時才相信唐軍來攻，想帶兵反抗，但手下的士兵不是投降唐軍就是被殺，吳元濟也只好乖乖地投降了唐軍。城外的守軍得知蔡州城淪陷，主將已降，失去了可依靠的人，也都紛紛向唐軍投降，至此，淮西之亂遂平。

【古今通鑑】

　　李愬奇襲蔡州成功的原因有兩個方面：一是李愬治軍嚴明，賞罰分明，能大膽任用並採納降將的意見，他能抓住蔡州空虛的時機，利用風雪交加的天氣孤軍深入，置死地而後生，取得奇襲的勝利；二是唐憲宗繼位後，花費很多精力、物力和財力致力平定藩鎮之亂，從客觀上說，李愬奇襲蔡州的成功與唐憲宗全力支持是分不開的。

第四章　人事駕馭篇

第四章　人事駕馭篇

＝ 信陵君竊符救趙國 ＝

　　魏國信陵君魏無忌為人謙和且禮賢下士，聲名遠播，因此很多人不遠千里來投奔他，他不論來者身分貴賤與否，哪怕是雞鳴狗盜之徒，只要有一技之長，他一概不拒，真心結交。據說，他門下門客最多的時候竟有三千多人。其他諸侯國畏懼信陵君賢能，也畏懼他手下的諸多門客，所以不敢輕易進犯魏國。

　　當時，魏國有個隱士叫侯嬴，十分有才能，已經七十多歲了，家境貧困，是大梁[115]夷門[116]的守門人。信陵君聽說他的賢能，打定主意一定要把他請到自己的府中。

　　一次，信陵君在府中設宴款待門下的門客，門客們如約而至，信陵君見賓客坐定，卻沒有宣布開宴，而是命人備好馬車，自己坐在右邊，空出左邊的上位，親自駕車去夷門迎接侯嬴。侯嬴得知信陵君的來意後，穿了一身破舊的衣服，毫不客氣地坐到了馬車上的左邊。信陵君見了，毫不在意，態度更加謙恭了。

　　途中，侯嬴對信陵君說：「我的好友朱亥在集市裡當屠夫，我好久沒見他了，想去看看他。」信陵君馬上調轉馬

115　大梁：大梁城，為中國古代戰國時期魏國的都城。今河南開封市城內外西北一帶。

116　夷門：魏都城的東門。

頭，駕著車來到了集市中。侯贏見了朱亥，東拉西扯，一聊
就是半天，侯贏不時偷偷地觀察信陵君，只見他臉上沒有絲
毫不耐煩的神情，相反倒像一個童蒙的小學生，一臉恭敬地
傾聽他們談話。侯贏不禁暗中點了點頭，遂和朱亥告別，和
信陵君一起回到府中。

此時，府中的門客早就等得不耐煩了，三五成群地結成
一夥，談天說地，忽然見信陵君攙扶著一位滿頭白髮的老翁
走了進來，請他入上座坐定後，又當著眾賓客的面介紹稱讚
他。侯贏被信陵君的行為深深感動了，決心報答他。

魏安王二十年，秦昭王起兵攻打趙國，趙國大敗，秦昭
王又派兵包圍趙都邯鄲[117]。趙國平原君趙勝向魏國求救，魏
王馬上派將軍晉鄙帶兵援助趙國。可是魏國的軍隊還沒到趙
國，秦王就派人威脅魏王道：「如果現在有人敢援助趙國，等
我攻下邯鄲，第一個征討他。」魏王有些畏懼，馬上命晉鄙
的軍隊駐紮在鄴城[118]，原地待命。

趙勝遲遲等不到援兵，馬上派人向信陵君求救。（趙國
平原君趙勝的夫人是信陵君的姐姐）信陵君收到消息十分焦
急，多次勸說魏王命晉鄙發兵救趙，但魏王始終不肯答應。
信陵君萬般無奈之下，決定把手下的門客臨時組成軍隊，準
備趕往趙國，抗擊秦軍。

117　邯鄲：今河北省邯鄲市。
118　鄴城：今河北磁縣南。

第四章　人事駕馭篇

　　信陵君路過夷門時，侯嬴看到了他那支稀稀落落的隊伍，忙上前問信陵君準備做什麼。信陵君把事情的始末緣由告訴了侯嬴，希望他能想想辦法。誰知，侯嬴卻說：「公子，您一定要多加保重，可惜我老了，就不隨您一起去了。」信陵君有些不快地離開了，但走了數里後，他突然悟到了什麼，忙回去見侯嬴。

　　侯嬴笑著說：「我就知道公子會回來找我的。」信陵君這才覺得自己過於魯莽了，忙問侯嬴有何妙計能解邯鄲之圍。侯嬴屏退左右對信陵君說道：「你只要拿到魏王的調兵符，命令晉鄙發兵，邯鄲之圍可解。」

　　信陵君問道：「可如何才能拿到調兵符呢？」

　　侯嬴說道：「我聽說魏王的調兵符放在臥室裡，而如姬現在是魏王最寵幸妃子。我聽說公子曾為如姬報過殺父之仇，對她有恩。如果讓她偷出調兵符，她一定會答應的。」

　　信陵君按照侯嬴話去做，果然順利拿到調兵符。侯嬴說道：「將在外，君命有所不受。如果晉鄙見了兵符不發兵，事情就糟了。我的朋友朱亥力大無窮，武功高強，公子可帶他一起去。如果晉鄙不發兵，就讓朱亥滅了他。」

　　信陵君馬上帶著朱亥去見了晉鄙。晉鄙見了兵符果然不願意發兵，還要稟報魏王。朱亥大怒道：「見符如見王，你因何不服從命令？難不成想謀反？」趁著晉鄙驚愕之際，朱亥

從袖中拿出一柄四十多斤的鐵鎚，砸在了晉鄙的腦袋上，晉鄙立刻斃命。

　　就這樣，信陵君精選了八萬士兵，進攻秦軍，秦軍潰敗而逃，解了趙都邯鄲之圍，趙國得以保全。

【古今通鑑】

　　得知趙國都城被圍，信陵君先是不顧個人安危要與秦軍拚命，後來卻得到了候嬴、朱亥、如姬的幫助，因而順利拿到兵符，解趙都之圍。他的成功與平日平等對人、禮賢下士是分不開的。為了能結交隱士候嬴，他甘願放下自己魏國公子高貴的身分，更不在乎候嬴是守門之人，親自前往迎接。也正是如此，他門下才雲集了三千多位門客，願意為他效勞，甚至甘願為他付出生命。

═ 惜英才蕭何追韓信 ═

　　秦朝末年，淮陰[119]地區有個叫韓信的人，名不見經傳，家境貧寒，又沒有謀生的本領，常常跟著別人混飯吃，人們都很厭惡他。

119　淮陰：今江蘇淮安市。

第四章　人事駕馭篇

　　一次，韓信好幾天沒有飯吃，餓得頭暈眼花，便到河邊釣魚。無奈，他釣了半天，一條魚也沒釣上來，不禁有些氣惱，對水邊漂洗布帛的老婦人說：「妳看，把我的魚都嚇跑了。」婦人聽後，卻不惱怒，笑著對韓信說：「年輕人，我看你是餓了吧？」說著，起身拿出隨身帶的乾糧給韓信吃。韓信有些不好意思地接過乾糧，對老婦人說：「日後我若能飛黃騰達，必定以千金相報。」老婦人聽了，淡淡地說：「區區一頓飯何足掛齒！我是同情你才給你飯吃，我哪裡希望你報答我啊。」

　　淮陰縣有個屠夫很瞧不起韓信。一次，韓信路經屠夫的店，屠夫立刻攔住韓信說：「老子最瞧不起沒有膽量的人還敢佩帶刀劍，有種你就刺我一劍，要不然，就從我的褲襠下鑽過去。」韓信盯著屠夫看了一會兒，自知形單影隻，硬拚肯定會吃虧。於是，他當著圍觀人的面，俯下身子，從屠夫的褲襠下鑽了過去。很快，整個淮陰縣的人都知道韓信是個膽小如鼠的人。

　　後來，韓信聽說項羽英雄蓋世，便慕名前去投奔。他曾不止一次為項羽出謀劃策，但項羽從來不肯聽從他的意見。韓信覺得項羽雖勇猛無敵，但剛愎自用，不足以成大事，便有了離開之心。

　　劉邦率軍進入四川，韓信便離開項羽去投奔劉邦。雖然在滕公夏侯嬰的舉薦下，韓信見到了劉邦，但劉邦並沒有覺

　　得韓信有多少能耐，有心不用他，但礙於夏侯嬰的情面，便讓他做了一個小官。蕭何與韓信交談了幾次，發現他韜略非凡，絕非常人，所以十分敬重他。

　　劉邦率軍抵達南鄭[120]時，很多人因思念家鄉，紛紛逃跑。韓信知道蕭何多次向劉邦舉薦自己，可劉邦還是不肯重用自己，便也走了。蕭何聽說韓信也逃走了，來不及報告劉邦，就騎著馬，就著月光追趕韓信去了。馬上就有人向劉邦稟報：「丞相蕭何逃跑了。」劉邦勃然大怒，馬上命人去追，但是沒有追上，劉邦悵然若失，像是失去了左膀右臂一樣。

　　過了幾天，蕭何回來見劉邦。劉邦既高興又歡喜，責備道：「你為什麼要逃跑？難道是因為我對你不好嗎？」蕭何忙說：「我怎麼會逃跑，我是去追逃跑的人。」劉邦問道：「是何人值得你去追？」蕭何說道：「韓信。」劉邦罵道：「能帶兵打仗的將領你不追，為何要追韓信？」

　　蕭何說道：「那些將領很容易得到，但韓信卻是當世罕見的奇才，一旦被別人所用，日後必將成為主公強勁的對手。主公如果想得天下，除韓信之外，再也沒有人能輔助您成就霸業了；如果主公只想在漢中稱王，那也就用不著韓信了。」

　　劉邦說道：「我也想向東進軍的，怎能一直待在這裡呢？」

120　南鄭：今位於陝西省漢中市西南部。

第四章　人事駕馭篇

　　蕭何說道：「如果主公計劃東進，就要重用韓信，這樣他才會留下來；若是無法重用他，他遲早還是會逃跑的。」

　　劉邦沉吟一番，說道：「那就封他為將軍吧。我倒要看看他有多少才能。」

　　蕭何搖搖頭說道：「以韓信之能若是只當將軍真是太浪費了。」

　　劉邦說道：「好，那就封他為大將。」

　　蕭何大喜道：「真是太好了！」

　　劉邦當下就要命人傳來韓信，拜他為將。

　　蕭何忙阻止道：「主公且慢，您要拜韓信為將，怎麼能像呼喚一個小孩來傳喚他呢？您如果誠心拜韓信為將，就要擇選吉日，擺設祭壇，親自把將軍之印交給他。這樣韓信才會為您誓死效勞。」劉邦深以為然，便按照蕭何的話去做了。

　　韓信當上將軍之後，果真一鳴驚人，屢建奇功，成為漢朝的開國重臣之一。

【古今通鑑】

　　蕭何是一個極其愛才之人，同時，他也能慧眼識才。也正是如此，才有了蕭何月夜追韓信的千古美談。假如蕭何沒追到韓信，那麼劉邦能否奪取天下就是一個未知數，秦末的歷史很可能會重寫。而韓信一生成敗似

乎總與蕭何脫不了干係，蕭何先助韓信成功，後來韓信
有意謀反，又被蕭何設計所殺，正所謂：「成也蕭何，
敗也蕭何」。

朱勃為友上書鳴冤

　　馬援，字文淵，東漢著名的軍事家，為光武帝劉秀建立
東漢立下了汗馬功勞。待天下統一後，馬援雖已年邁，但
「男兒要當死於邊野，以馬革裹屍還葬耳，何能臥床在兒女
手中邪？」的豪氣絲毫不減當年，主動請纓東征西討，屢立
奇功。然而，這樣一位讓後人敬仰的大英雄死後卻遭到小人
的讒毀，妻子不敢以喪還舊塋，只能草草埋葬。

　　西元四十九年，武陵[121] 五溪蠻[122] 人發動叛變，武威將軍
劉尚率兵征討，因驕傲輕敵，貿然輕進，結果全軍覆沒，劉
尚也戰死，無一生還。伏波將軍馬援聽聞征蠻不利，馬上覲
見光武帝，自請出征。劉秀說道：「卿年事已高，恐無法領兵
打仗了吧？」馬援說道：「老臣雖六十有二，但身強體健，仍
能征戰沙場。」說著，走出殿外，皮甲上馬，顧盼之間雄風
再現。劉秀在殿內瞧得真切，不禁撫掌他是「矍鑠翁」，於

121　武陵：湖南省常德市武陵縣。
122　五溪蠻：即雄溪、門溪、西溪、潕溪、辰溪，為少數民族（古代稱「蠻夷」）
　　　聚居之地，故稱「五溪蠻」。

是命他南征。

　　馬援率領大軍抵達下雋[123]縣時，命探子探明通往武陵的路徑，共有兩條路可入蠻界：一是從壺頭山[124]進入，此路雖近，但水勢深險；一是從充縣進入，路遠地平，但糧食運輸線太長。中郎將耿舒主張走充縣，比較穩妥。馬援卻認為走充縣是捨近求遠，耗時廢糧，應當急進壺頭山，扼住蠻人咽喉，充縣蠻夷必不攻自破。兩種意見上報朝廷，劉秀同意了馬援的戰略，於是馬援率軍挺近壺頭山。蠻人聽聞漢軍來攻，登高據守險要，水流湍急，馬援雖兵強馬壯，但一時也殺不上去，只能就地紮營，耐心待機。怎奈一連數日，沒有一點機會，適逢酷暑，軍中很多將士染疫而亡，馬援也略感不適，便命人沿壁鑿洞，入避暑熱。蠻人不時登高播鼓鼓噪，馬援不顧身心疲乏，親自出營查看敵情，以備不測，每次巡視，都是氣喘吁吁，大汗不止。左右見他盡力為國，無不嗟嘆流淚。

　　中郎將耿舒，因馬援沒採納自己的意見，執意向壺頭山進軍，飽受瘟疫折磨，心中很不平衡，便寫信給哥哥、時任建威大將軍耿弇（一ㄢˇ）：「當初我上書建議先攻打充縣，糧草雖難運，但軍中士氣正旺，將士數萬，人人奮勇爭先。而如今大軍滯留壺頭山，將士們憂慮，行將病亡，實在令人

123　下雋：古縣名。西漢置，因雋水得名。故城在今湖南沅陵縣東北。
124　壺頭山：位於湖南省沅陵縣東北，因山峰奇異，形似壺頭而得名。

痛惜！馬援如同西域商人一般，每到一處，必然停留，這就是戰事不利的原因。現在果然遇到了瘟疫，結果和我預言的完全一樣。」

耿弇收到信後，唯恐耿舒身陷蠻夷，無法脫身，忙手持原信覲見劉秀。劉秀覽信大怒，即授梁松符節，前去責問馬援，並代理監軍。

當梁松抵達壺頭山時，馬援已經病死，梁松趁機上書，誣陷馬援駐軍交趾[125]時，曾用車載回一車珠寶和犀角。劉秀信以為真，不由勃然大怒，馬上派使者收回馬援的印綬。馬援的家人為此整日擔驚受怕，等馬援的靈柩運歸，妻子不敢報喪，只能草草埋葬在城西，親友故人，竟然無人前來弔唁，生怕惹禍上身。喪事辦完後，馬援的家人又用草繩白縛，連在一起，跪在皇宮門口請罪。劉秀聽聞後，將梁松奏章拿出給馬援的家人看。他們看罷，才知馬援是受了梁松的誣陷，連忙上書伸冤，接連上書六次，言辭哀切，劉秀這才明白冤枉了馬援，沒再追究他的家人，並准許馬援還葬故里。

原來馬援在交趾時，經常服食嘗餌薏苡仁[126]，因為此物有健脾去溼、抵禦瘴氣的功效，因此班師時，馬援購買了一車，載回家中。豈料，梁松卻借題發揮，誣陷為珠寶，使得馬援死後蒙冤，同僚們雖知實情，卻沒有一個人出面替馬援

125　交趾：又名交阯，中國古代地名，位於今越南境內。
126　薏苡仁：中藥名，也是普遍、常吃的食物。

第四章　人事駕馭篇

申辯過，只有前任雲陽[127]縣令朱勃前往帝闕，上書為馬援鳴冤。書云：

臣見已故伏波將軍馬援，自西州[128]崛起，欽慕陛下仁義，歷經千難萬險，馳騁於沙場，置生死與不顧，一心忠君報國。他用兵如神，出師攻無不克，從未有過敗績。征討先零[129]時，他曾被箭矢洞穿小腿；出征交趾時，深知此行有去無回，曾與家人訣別。沒多久，馬援再度南征，很快攻克臨鄉，大軍已建立大功，但卻還未等完成，馬援就先死了。戰爭有持久而取勝的，也有因速戰而失敗的；深入敵境未必是錯誤的，不深入也未必不對。論人之常情，難道會有人願意久駐險地，不思生還嗎？馬援為朝廷效命二十二年，北至大漠，南渡江海。他身染瘟疫，為國捐軀，名譽盡毀，爵位被奪。已死之人，無法為自己洗刷冤屈；活著的人，又無法為他主持公道，臣為此感到無比痛心！陛下英明睿智，重於獎賞，輕於刑罰。請陛下將馬援一案交予公卿審議，評判他的功罪，決斷是否恢復爵位，以滿足天下人的願望。」劉秀看罷，怒意全無，撫案長嘆不已。

朱勃聰明早慧，十二歲的時候，已能背誦諸子百家。朱勃喜歡交友，經常去拜訪馬援之兄馬況。在交談時，朱勃舉

127　雲陽：今位於重慶市雲陽縣。
128　西州：今甘肅省中部和西北部一帶。
129　先零：是古代羌人部落之一。

止文雅，談吐不凡，深得馬況的喜歡。當時，馬援才開始讀書，眼見朱勃少年老成，心中不免有些妒意。馬況很快就察覺到了馬援的情緒，便勸慰他說：「朱勃大器早成，智慧僅此而已，最終你必會居於他之上，你不要擔心。」

果然，朱勃還不到十二歲的時候，便被右扶風[130]看中，請他代任渭城[131]縣令。而後來馬援當了將軍並封了侯，朱勃仍舊擔任縣令。馬援雖地位尊崇，但卻常念舊恩，予以朱勃最大的幫助，同時，卻又對他傲慢無禮，而朱勃卻毫不在意，對馬援更加恭敬了。等到後來馬援受到誣陷，唯有朱勃能挺身而出，為其辯護。

【古今通鑑】

　　光武帝劉秀對待功臣，一向寬宏大量，恩寵無比，卻聽信梁松的讒言，對病死在蠻夷之地的馬援，毫不手軟，收其綬印，奪其爵位，刻薄寡恩到了極致。在這樣的情況下，馬援的親朋舊故，個個唯恐避之不及，生怕惹火燒身，唯獨朱勃不顧自身安危，上書為馬援鳴不平。患難之時見真情，像朱勃這樣的人，才是真正值得交往的朋友。

130　右扶風：官名；政區名，為漢代三輔之一。漢時將京兆尹、左馮翊、右扶風稱三輔，即把京師附近地區歸三個地方官分別管理。

131　渭城：位於今陝西省咸陽市南部。

第四章 人事駕馭篇

═ 郭泰擢才有教無類 ═════════════

　　郭泰，字林宗，山西人，東漢末年著名的學者。郭泰自幼家境貧寒，但他志向遠大，常年勤學不輟，後來終於成了一位學識淵博、善於言談的名士。

　　當初，他去京師洛陽求學時，很多人都不認識他。陳留名士陳融剛與郭泰見面，就對他大加讚賞，因而又把他引薦給河南尹[132] 李膺。李膺在當時是一位威望很高的士人領袖，他生性耿直，比較喜歡交際。他反對宦官專政，被許多士人和太學生尊稱為「天下楷模」，當時人們見他一面都極不容易，更別說結交了。但李膺一見郭泰，便大加讚賞他的品行和才華，兩人便結成好友，還感慨道：「讀書人我見多了，可是還從未遇到向您這樣的人。您聰慧通達，高雅謹慎，是難得一見的人才。」以李膺當時的身分和聲望，竟然會毫不吝嗇地讚美名不見經傳的郭泰，郭泰名動京師，眾人無不刮目相看。

　　郭泰不但博學多才，而且善於識別人聰明還是愚鈍，喜歡鼓勵、資助有志氣人求學讀書，他還喜歡遊歷四方，發現了不少貧賤中的人才。

　　陳留人茅容，已經四十餘歲了。一天，他在田間耕種，忽然天降大雨，他便和眾人一起在樹下避雨，眾人或蹲或

132　尹：官名，府尹。

坐，十分隨意，唯獨茅容正襟危坐。恰逢郭泰路過，看到茅容這般舉止，十分奇怪，便上前與他攀談，並借尋宿之名，想投宿茅容家中，茅容欣然答應。

次日一早，茅容殺雞做飯，郭泰以為茅容殺雞是為了招待自己，心中不免有些過意不去，那知，茅容殺雞是給母親吃的，自己和郭泰用飯時，只是一些粗茶淡飯。飯畢，郭泰讚嘆道：「你乃真正的名士！我郭泰有時還要減少供給父母的美味來招待客人，而你不論在什麼情況下，都能保證父母食物的充足，真是難得，你真是我的老師啊！」因勸他讀書學習，後來茅容也成了名士。

鉅鹿人孟敏，居住在太原。一天，他背著瓦甑[133] 行走，不小心將瓦甑掉在地上。可是他都沒看一眼，便大步而去。郭泰見了，便問他為何不顧瓦甑，孟敏答道：「瓦甑已摔破了，就算看它一眼，又有什麼意義呢？」郭泰覺得孟敏做事十分有分寸，而且果斷決絕，便主動與他攀談，了解他的品行，同時鼓勵他讀書遊學。後來，孟敏果然學有所成。

陳留人申屠蟠，幼年喪父，家境貧寒，靠做油漆工維持生計；鄢陵[134] 人庾乘，年輕時在縣衙裡擔任門卒。郭泰覺得他們都是不可多得的人才，便鼓勵他們讀書。他們聽從郭泰的意見，後來都成為了知名人士。

133　瓦甑：陶製炊器。
134　鄢陵：今河南鄢陵縣。

第四章　人事駕馭篇

郭泰發現了很多優秀的人才，無論是出身低賤的屠戶和沽酒者，還是身分卑微的兵卒，都在郭泰的鼓勵下，成為名士。

【古今通鑑】

郭泰秉承並發展了孔子「有教無類」的教學思想，這個特點從他眾多弟子中便可窺一二。孔子雖說「有教無類」，但他的弟子非富即貴，真正貧寒者甚少，而郭泰的弟子，卻是三教九流，從事什麼工作的人都有，郭泰都一視同仁，盡心培養。郭泰的這種不注重門第貴賤、獎掖後輩的精神，雖未能替他贏得什麼好處，但他的行為卻一直被後世所稱頌。

＝ 失街亭孔明斬馬謖 ＝

諸葛亮七擒孟獲、平定南中後，精心治理蜀國，訓練兵馬，準備完成統一大業。魏明帝太和二年（西元二二八年），諸葛亮呈上〈出師表〉給後主劉禪，率軍北伐曹魏。

諸葛亮令將軍趙雲、鄧芝充當疑兵，占據箕谷[135]，以吸引魏軍的主力，他自己率領十萬大軍突襲魏軍占據的祁

135　箕谷：今陝西眉縣北。

山 [136]，任命參軍馬謖為前鋒，鎮守戰略要地街亭 [137]。

馬謖是馬良之弟，狂妄自大，雖懂一些用兵之道，卻只會紙上談兵，沒有一點實戰經驗。劉備深知馬謖的弱點，在臨終時，囑咐諸葛亮道：「馬謖言過其實，不可大用。」然而，諸葛亮卻沒能聽取。後來，諸葛亮南征時，馬謖獻計若要長治久安，應以攻心為上，攻城為下。諸葛亮採納了他的建議，果然順利征服南中人。在諸葛亮北伐的時候，南中地區沒有發生叛亂，消除了後顧之憂。為此，諸葛亮更加賞識馬謖的才能，經常和他交流一些用兵心得。

馬謖到達街亭後，不按諸葛亮的囑咐依山傍水安營紮寨，私自把大軍駐守在遠離水源的街亭山上。副將王平一看軍隊離了水源則犯了兵家大忌，如果敵方切斷水源或在水中投毒，必會不戰自敗，遂苦苦勸說馬謖。馬謖聽得十分厭煩，大手一揮，斷喝道：「軍中我是主將，出了什麼事情我願以死謝罪，與你毫無干係！」

很快，魏軍的探子將這個消息稟告了魏將張郃。張郃失聲笑道：「沒想到孔明一世英名，竟然毀在馬謖這個庸將手中，真是可惜！」遂命人切斷街亭山的水源，然後縱火燒山。蜀軍飢渴難忍，再加上山上的火勢越來越大，軍心渙散，不戰自亂。張郃見時機成熟，下令進攻，魏軍吶喊著往

136　祁山：今甘肅西和西北。
137　街亭：今甘肅省天水市。

第四章　人事駕馭篇

山上衝，見馬就砍，見人就殺，蜀軍大敗而逃，死傷不計其數，馬謖死戰突圍，才得以逃脫。諸葛亮見街亭失守，先機已失，不禁長嘆一聲，下令退回漢中。

諸葛亮回到漢中，馬上下令以軍法處死馬謖。馬謖死後，諸葛亮親自到他的墓前祭奠，失聲痛哭道：「將軍一路好走，我會照顧好你的子女！」

事後，蔣琬對諸葛亮說：「春秋時期，晉楚兩國打仗，楚國誅殺了帶兵得力將領，晉文公不知有多高興呢。現在天下四分五裂，還待統一，就這樣殺掉有謀略之人，你忍心嗎？」

諸葛亮嘆道：「孫武之所以能攻無不克，戰無不勝，從無敗績的原因就是軍紀嚴明。現在四海還未統一，戰爭才剛開始，以後的形勢會越來越嚴重，此時不嚴肅軍紀，以後又如何能完成先主一統天下的遺願呢？」

副將王平在馬謖兵敗之前，就曾苦苦規勸過他，但是馬謖卻不聽，致使兵敗，只有王平帶領一千士兵，吶喊自守，張部疑有伏兵，不敢進逼，因此，王平才得以收集被打散的蜀兵返回。王平在此戰中表現突出，顯露出非凡的軍事才能。因此，諸葛亮把他提拔為參軍，後來又將他升為討寇將軍，封為亭侯[138]。

138　亭侯：爵位名。

諸葛亮上書劉禪道：「此次出兵失敗，是因為馬謖違背軍令造成的，但我也有用人失察之過，我甘願自降三級，以儆效尤。」劉禪看了奏章，一時沒了主意，不知該如何處置，便徵詢大臣們的意見。大臣們都了解諸葛亮的脾性，說：「陛下可以降丞相三級，但是必須讓他負責丞相的事務，大家都離不開他。」於是諸葛亮被貶降為右將軍，將士們知道後，深受感動，作戰更加勇猛。後來，諸葛亮屢次出兵收復了幾個失地，劉禪大喜，下詔恢復了諸葛亮的丞相職位。

【古今通鑑】

戰國時期著名思想家韓非說：「凡治天下，必因人情。人情有好惡，故賞罰可用。」諸葛亮雖身為丞相，但他如果做不到賞罰分明，自然無法服眾，結果必然會導致將士目無紀法，這將直接關係到蜀國的安危興亡。諸葛亮雖愛馬謖之才，但為了大局，他只能揮淚斬馬謖。

＝ 施仁政羊祜有遠慮 ＝

羊祜（ㄏㄨˋ）是西晉著名大臣，為官期間，正直廉潔，不畏權貴，名動朝野。

司馬炎受禪讓代魏建立西晉，史稱晉武帝。大事已定，晉武帝便有滅吳之志，統一天下。西元二六九年，晉武帝命尚書左僕射[139]羊祜為荊州都督，坐鎮襄陽[140]，統領軍務，發展生產。

羊祜到任後，安撫遠近百姓，照顧老弱病殘，深得江漢地區的人心。羊祜和將士們生活在一起，輕裘緩帶，從不穿鎧甲，出行視察時，身邊的侍衛不超過十人。他又抽出一部分巡邏、守邊的將士，讓他們開墾八百餘頃荒地，種植糧食。羊祜剛到襄陽時，軍中無百日之糧，三年之後，軍中便有十年的積穀。

晉武帝龍顏大悅，又要替羊祜升官。羊祜認為這些是自己應該做的，所以堅持不受，這讓晉武帝更加倚重他了。

羊祜曾帶兵與東吳對峙，每次和東吳交戰時，他都要約定好日期才開戰，絕對不會乘其不備，發動突然襲擊。凡是有部下提議用計謀時，羊祜就設宴請他喝酒，一直喝到他酩酊大醉，再也說不出話來。羊祜十分喜歡打獵，一有空閒就

139　尚書左僕射：古代官名。秦始置，起初權力很小，到魏晉時期，居於宰相之任。

140　襄陽：今湖北省襄陽市。

帶著部下到長江、沔水一帶遊獵，但僅僅只限於晉朝的領地，絕不會踏過東吳半寸土地，如果一些野獸被吳人所傷跑到晉朝的領地，羊祜都會命人送還給吳人。久而久之，東吳邊境的百姓都十分尊敬羊祜，經常誇讚他的功德。

東吳與西晉邊境相鄰，雙方的使者經常奉命來往，東吳將領陸抗還經常送給羊祜一些好酒，羊祜喝起來從不懷疑酒中是否有毒。有一次，羊祜聽說陸抗生病了，馬上派使者送去上好的藥材，陸抗也毫不猶豫地煎服了。很多人為陸抗的安全擔憂而勸阻時，陸抗卻說：「你們覺得羊祜是用毒藥害人的小人嗎？」

陸抗對戍守邊境的將領們說：「別人專門布施恩惠，我們專門做些壞事，這就等於還未與晉軍交戰，我們就敗了。現在守護好自己的邊境就好了，不要妄想貪圖小便宜。」東吳皇帝孫皓得知雙方邊境和睦相處，以為陸抗有心屈服與晉朝，便下詔責備他，陸抗說：「作為一個人都應該講求信義，更何況一個國家呢？如果我不這麼做，只能顯示出我的卑劣而彰顯羊祜的恩惠，這對羊祜是毫無損傷的。」

西元二七八年，羊祜突然病倒在床，他想入朝覲見晉武帝，當面陳述攻吳計畫。晉武帝擔心羊祜身體受不了，堅決不許，多次派中書令張華去探望羊祜，並向他徵詢伐吳的計策。羊祜說：「現在吳主孫皓性情殘暴，濫殺無辜，如果現在

趁機討伐，則是順應民心，必會不戰而勝。如果孫皓死了，一旦有明君繼位，那我們即使有百萬大軍，也很難攻破東吳。」張華聽了，不禁讚嘆道：「您慮事真是周詳啊！」羊祜說：「能替我達成伐吳的計畫，就是你啊。」

西元二七九年，羊祜的病勢愈來愈重，不久便撒手歸西，晉武帝痛哭流涕，傷心不已。那天，天氣奇寒，晉武帝的淚水流到鬍鬚上都結成了冰。荊州城的百姓聽聞羊祜去世，停止一切買賣活動，大街小巷一片痛哭。就連守衛邊境的東吳士兵也為羊祜流淚。

襄陽百姓知道羊祜喜歡到峴山遊玩，便集資在峴山豎立石碑，修建廟宇，以此來紀念他。由於人們來祭祀羊祜時，看到那塊石碑，總會想到羊祜的種種善行，不禁淚溼衣襟，所以人們把石碑命名為「墮淚碑」。

【古今通鑑】

> 　　羊祜不僅是一位出色的政治家，同時也是一位富有謀略的軍事家。他深知「得人心者昌，失人心者亡」的真正含義，開始廣施仁政，善待吳民，這與吳國吳主孫皓日漸殘暴的統治，形成鮮明的對比和強烈的反差，東吳後來被西晉所滅，也是預料中的事情。羊祜謙虛謹慎，賢明識才，忠君為國的品行至今傳為佳話。

═ 孝文帝臨終託元勰 ═

西元四九九年，南齊為了奪回北魏侵占的上地，派大將陳顯達率軍討伐北魏。此時，孝文帝身患重病，準備親自率軍迎擊陳顯達，他對勸阻他的大臣說：「陳顯達是南齊有名的悍將，如果我不親征，恐怕無法打退他。」趁孝文帝發兵的空檔，齊將崔慧景率兵攻打北魏順陽[141]，順陽太守張烈拚死抵抗。孝文帝得知順陽被圍後，當即派大將慕容平城率領五千騎兵前去援助張烈。面對南齊的侵犯，孝文帝因為有病在身，應對有些力不從心，他自己知道撐不了多久了，便將元勰[142]召到身邊，予以重託。

自從孝文帝患病以來，元勰一直留在宮中，親自照料孝文帝的生活起居，侍奉孝文帝吃藥，凡是給孝文帝的食物和湯藥，他必會親自嘗過之後，才讓人送進去。元勰為了照顧好孝文帝，他一連幾個月都是衣不解帶，從沒睡過一個安穩覺。

孝文帝久病不愈，脾氣也變得越來暴躁，左右侍奉的人稍有不慎，就有被殺的危險。元勰每次見他心情好時，藉機進言勸說，保全了不少人的性命。孝文帝見元勰處處為自

141　順陽：今河南淅川縣南。

142　元勰：本名拓跋勰，字彥和，北魏政治家、詩人。孝文帝的弟弟，初封始平王，後改封彭城王。

第四章 人事駕馭篇

己著想，十分感動，便任命元勰為使持節[143]、都督中外諸軍事[144]，元勰堅決推遲不受，說：「我現在的職責就是侍奉您，直到您的病體康復，沒有多餘的時間去做官。更何況軍隊是國家重中之重，我能力不足，絕無法擔此重任，希望您另找一位藩王，將軍權交給他，這樣我就能一心一意地侍奉您了。」

孝文帝卻搖了搖頭，堅持道：「照顧我和統領軍隊這兩件事都要你來做。我很清楚自己的病情，恐怕時日無多，而安定六軍、保護社稷，朝中除了你，誰還能擔此大任呢？請不要再推辭了。」元勰這才勉強答應。

幾日後，孝文帝率軍抵達馬圈，命令荊州刺史廣陽王元嘉截斷均口[145]，將南齊軍隊的退路切斷。不久，陳顯達率領軍隊渡過均水，登上西岸，輕而易舉攻下鷹子山，並在山上修建堡壘。但是，南齊將士因為常年征戰，均有厭戰情緒，軍心不振，與北魏軍隊交戰，幾戰幾敗。魏軍將領元嵩威猛無比，手持大刀率先衝入南齊的陣營，所到之處，頭顱亂滾，血肉橫飛，魏軍士氣大振，個個勇猛無比，殺得南齊軍隊潰不成軍，陳顯達抄小道才得以脫身。

南齊的軍隊雖被打敗，但孝文帝的病情卻越來越嚴重，

---

143 使持節：魏晉南北朝時期直接代表皇帝行使地方軍政權力的官職。
144 都督中外諸軍事：魏晉南北朝稱「都督中外諸軍事」或「大都督」者，即為全國最高之軍事統帥。
145 均口：古地名。在今湖北均縣西，當古均水入漢水的水口。

魏軍只好拔寨北還，軍隊行至谷塘原[146]時，孝文帝召來元勰說：「我的病越來越重，大概很難康復了。這次雖然打敗了陳顯達，但天下未定，繼位的太子年幼贏弱，所以我只能把江山交給你了，你一定要答應我盡心輔助太子。」

元勰磕頭泣血道：「一個普通的布衣之士，願意為知己而死，更何況我是先帝之子，又與陛下是兄弟，理應盡力為您辦事。但是，我以至親的身分，長期參與決斷朝廷機要之事，權重朝野，無人能及，我之所以敢接任您交付我的重任，正是因為您聖明賢達，不會追究我知進忘退的過失。如今，您要任命我為朝臣之首，總攬朝中大權，這樣必然會引起別人對我的不滿，會說我功高震主，有意篡位，這我可擔待不起啊！周公旦乃大賢之人，周成王是聖明仁君，但周成王仍不免對他有戒心，更何況我呢？雖然現在您寵信我，但日後我未必還能承蒙太子的信任，您這樣做恐怕要害了我啊。」

孝文帝聽了，沉吟半晌，說道：「你說得確實有道理，請取紙筆來。」元勰依言取來紙筆，孝文帝勉強坐起，提筆伏案，寫信給太子：

你的叔父元勰，以自己高尚的品德為大臣樹立了榜樣，其節操皎然如月之輝，所以我才放心把江山託付給他。他不

146　谷塘原：今河南省鄧縣東南。

第四章　人事駕馭篇

貪圖榮華富貴，視官爵財寶如糞土，其心如松竹之淡然。我從小與他一起長大，從來不捨得分開。等我死之後，如果他想辭官歸鄉，你不要阻攔，了卻他淡泊名利之願。寫至此，手已顫抖不停，筆上的墨汁淋得滿手皆是，遂扔掉筆，囑咐元勰道：「你可將此詔交給太子，以表你心志。」接著，又口述遺詔，令元勰記錄潤色，任侍中、護軍將軍北海王元詳為司空，鎮南將軍王肅為尚書令，鎮南大將軍廣陽王元嘉為左僕射，尚書宋弁為吏部尚書，令他們與侍中、太尉元禧以及尚書右僕射元澄等六人共同輔佐朝政。

同年四月，孝文帝在谷塘原駕崩，年僅三十三歲。

【古今通鑑】

孝文帝和元勰君臣二人上演了一段信任和忠義的古今美談。在孝文帝生病期間，元勰不辭辛勞、無微不至地照顧孝文帝的飲食生活，這對於不久於人世的孝文帝來說，他看到了一位忠義之臣的心，這才大膽地將朝中大權交給他。而元勰始終恪守人臣之禮，言談謹慎得體，贏得了孝文帝信任的同時，也贏得了功成身退的機會，展現出高超的政治智慧，實在讓人嘆服！

＝ 劉仁軌不疑得猛將 ＝

唐朝時期，古代朝鮮半島裂土為三：北部為高麗，南部為百濟，東部為新羅，形成三國鼎立之勢。這三國之間的關係如同中國三國時期的魏、蜀、吳一樣，其中高麗最為強盛，新羅和百濟相對較弱，實力旗鼓相當。高麗野心勃勃，見縫插針地攻打百濟和新羅，為了避免被吞併，他們開始各自尋找盟友：新羅向唐朝示好，百濟則依附了倭奴國[147]。

唐高宗李治繼位後，為了能使朝鮮半島臣服自己，決定採取遠交近攻之策，遠交新羅，先打敗高麗，再圖百濟。高麗見情勢不利自己，便與百濟聯合對抗唐朝和新羅。如此一來，百濟卻把自己置身於險境，率先遭殃。唐高宗認為百濟稍弱，遂決定先滅百濟，等騰出手再伐高麗。

六六三年，孫仁師、劉仁願率領陸軍，劉仁軌統領水軍，水路並進，長驅直入，劉仁軌率先到達白江口[148]，等待與劉仁師合兵一處，直搗周留城[149]。

很快，倭奴國得知唐軍來攻，忙派水軍前來阻擋。雙方合戰。唐軍四戰四捷，軍心大振，更奮勇殺敵，倭軍大敗。百濟王扶餘豐在部下的拚死保護下，才殺出重圍，倉皇逃往

147　倭奴國：古代日本的名稱。
148　白江口：今韓國錦江入海口。
149　周留城：今韓國全羅北道扶安郡。

第四章　人事駕馭篇

高麗，王子扶餘忠勝、扶餘忠志等率領部下投降。除任存城沒有攻克，百濟諸城，皆復歸順。

百濟西部有一員猛將，名叫黑齒常之，身高七尺，彪悍驍勇，擅長用兵。當初，唐將蘇定方攻入百濟後，黑齒常之便率領部下出城投降唐軍。哪知，蘇定方入城後，竟然縱兵士搶劫、殺掠，幾乎所有的成年人都被殺光。黑齒常之勃然大怒，殺了守衛，率領十幾名手下逃歸本部，收集殘部，重新安寨，不到一月，前來投奔的百濟士兵已有三萬多人。

蘇定方便帶兵來攻，黑齒常之利用當地形，與唐軍展開周旋，唐軍幾番出戰，損兵折將，元氣大傷。接著，黑齒常之又開始攻取城池，一口氣攻下兩百多座城池。蘇定方因調度無方，軍隊糧草供應不上，無法攻下這些城池，只好撤回。

一直到百濟兵敗，黑齒常之有心再降唐朝，後來他聽說劉仁軌仁義守信，不會在投降之後陷害他，於是便率部投降了劉仁軌。劉仁軌的確不是尋常之輩，他不僅接受了黑齒常之的投降，而且還任他為將，派他攻取任存城，補給他大量的糧食和武器。孫仁師卻有些擔憂，他說：「黑齒常之是個心狠手辣、反覆無常的小人，怎麼能重用呢？」

劉仁軌卻說：「你多慮了！我看黑齒常之倒是一個忠勇之人，他先前只是投奔錯了人，現在我接納他並委以重任，

他必會心懷感激，拚死立功表現的。」果然，不多時，就有人來報說，黑齒常之已攻下任存城。

百濟經過戰火後，滿目瘡痍，房屋坍塌，屍首橫陳。劉仁軌奉唐高宗之命，駐守百濟，命人掩埋屍體，修錄戶口，劃分地域，設置官長，又開荒地，修道路，築堤壩，贍養孤兒老人，賑濟窮苦之人，沒花費多長時間，百濟民眾就能安居樂業，皆能安心從事個人職業。

【古今通鑑】

劉仁軌雖是一介文官，但他卻精通兵法，在白江口海役中，大獲全勝，因而名留青史，成為民族英雄。劉仁軌不僅智勇雙全，而且有較高的駕馭人才的智慧，在接受百濟猛將黑齒常之投誠後，大膽任命他為將，給了他足夠的信任和真誠，結果，知恩圖報黑齒常之為他立下了功勞。

第四章　人事駕馭篇

第五章　巧舌之簧篇

第五章　巧舌之簧篇

═ 遊列國孔伋論仁義 ══════

　　孔伋,字子思,是孔子嫡孫。孔伋自幼跟隨孔子的弟子曾參學習儒家經典,長大後,滿腹經綸,開始周遊列國,宣揚儒家以仁治國的思想。

　　威烈王二十五年(西元前三七七年),孔伋將苟變舉薦給衛國國君衛侯說:「此人博學多才,精通兵法,可以指揮五百輛戰車。」

　　衛侯搖了搖頭,說道:「我知道苟變有統帥之才,但他在做小官的時候,有一次徵稅,私自吃了百姓的雞蛋,所以我不能用他。」

　　孔伋說道:「賢明睿智的君王任用官吏,如同木匠選用木材,用其所長,棄之所短。所以,一根合抱的優質良木,即便有幾處腐爛的地方,技藝高明的木匠也不會拋棄不用。現在國家正處於戰亂之時,更加需要能征慣戰的武將,怎麼能因私吃幾個雞蛋就捨棄一位守衛國家的將領,此事千萬不能讓鄰邦國家知道啊!」

　　衛侯向孔伋鞠了一躬,說道:「您說得很有道理,我願意接受你的指教。」

　　衛侯提出了一個不合理的計畫,大臣們不去糾正,反而隨聲附和。孔伋說道:「我看衛國,真是『君不像君,臣不像臣』呀!」

公丘懿不解地問道：「您為何要這麼說？」

孔伋說道：「君王自以為是，便不肯聽從別人的意見。即使事情得到正確的解決，也沒有採納別人的意見，更何況現在大家都在附和錯誤的思想而助長邪惡呢！不考察事情的是非而喜歡別人稱讚自己，是無比的昏聵；不判斷事情是否有道理而一味阿諛奉承，是無比的諂媚。君主昏聵而臣下諂媚，這樣來統治百姓，百姓絕對不會容忍的。如果長期下去，必然會有禍亂發生，那時，國家就不像國家了。」

孔伋對衛侯說：「您的國家正漸漸走向衰敗。」衛侯奇怪地問：「為什麼？」孔伋答道：「我這樣說是有原因的。您說話自以為是，朝中官員畏懼您的權威，不敢糾正您的錯誤，於是他們說話也自以為是，百姓也沒有誰敢反駁。國君和大臣都自以為是，下屬官員又同時稱賢，稱讚賢能則和順而有福，指出錯誤則忤逆而有禍，這樣，人們都願意和順而有福。《詩經》上說：『都稱頌自己是聖賢，烏鴉雌雄誰能辨？』這難道不像你們君臣嗎？」

鄒地[150]人孟軻[151]去拜見魏惠王魏罃，魏惠王熱情地接待了他，說：「老先生，您不遠千里而來，是要為我的國家帶來利益嗎？」

---

150 鄒地：今山東省鄒城市。
151 孟軻：即孟子。著有《孟子》一書。繼承並發揚了孔子的思想，成為僅次於孔子的一代儒家宗師，有「亞聖」之稱，與孔子合稱為「孔孟」。

第五章　巧舌之簧篇

　　孟軻說：「您何必張口就言利益，有仁義美德就足夠了！
如果君王只為國家謀取利益，大夫只為家謀取利益，天下士
民百姓所在乎的也是如何讓自身獲得利益，上上下下都追逐
利益，那國家就危險了。」

　　魏惠王點頭贊同道：「你說得很對！」

　　當初，孟軻拜孔伋為師，向他請教治理百姓應以什麼為
先。孔伋說：「先為他們謀取利益。」

　　孟軻卻不同意孔伋的觀點，說道：「賢能之人教育百姓，
只是談論仁義就夠了，為何還要說利益？」

　　孔伋說道：「仁義本質上就是利益！上不仁，則下常常
欺詐，這就是最大的不利。所以《易經》上說：『利，就是
義的全部展現。』又說：『用利益安撫人民，以弘揚道德。』
這些都說明了利益的重要性。」

【古今通鑑】

　　仁義和利益是相互依存、相互制約而又互相促進的
關係。這也就說明了孔伋和孟子所說的話，殊途同歸，
說的是相同的道理。只有心懷仁義之心者，才明白仁義
是最大的利益，而心懷不仁者，是意識不到這些的。所
以，孟子向魏惠王直接宣揚仁義，而對利益避而不談，
這是因為談話的物件不同而已。

= 智張儀巧舌立奇功 =

　　戰國時期，鬼谷子王詡是一位具有神秘色彩的人物，是縱橫家的鼻祖，張儀曾師從於他，學習權謀縱橫之術，學成之後，在秦國擔任相國。

　　西元前三一三年，秦惠文王想征討齊國，便徵求張儀的意見。張儀說道：「現在齊國與楚國結為盟友，若是攻打齊國，楚國必會出兵相助，不如先破壞他們的互助條約。」於是，張儀便到楚國去遊說楚懷王。

　　楚懷王早就聽說過張儀的名氣，熱情地接待了他，並詢問他要商討何事。張儀說道：「秦王仰慕您的仁義道德，特派我前來與貴國交好。如果您願意與齊國斷交，秦王不但願意與您永遠結成兄弟之邦，而且願意獻出商於[152]方圓六百里的土地，除此之外，還會把秦國的美女進獻給您。如此一來，楚國以後就不用再依靠齊國了，而且能得到那麼多土地，豈不是兩全其美？」楚懷王是中國歷史上有名的糊塗蟲，聽張儀說能得到那麼多土地和美女，不禁欣喜萬分，答應張儀與齊國斷交。

　　楚國大臣聽說此事後，紛紛表示祝賀，只有陳軫[153]道：「秦國提出送給大王商於六百里土地，絕對是個誘餌，您千

152　商於：在今河南淅川縣西南。
153　陳軫（ㄓㄣˇ）：戰國時縱橫家。

萬不能輕信。」

楚懷王怒喝道：「秦王堂堂一國之主，難道也會失信嗎？」

陳軫說道：「大王請息怒，請容小臣把話說完，大王再做定奪也不遲。以臣之見，楚國正是有互助條約，秦國才不敢貿然侵犯楚國。若是大王與齊國絕交，秦國日後必然會出兵欺辱楚國。如果秦國誠心想把商於六百里土地讓給楚國，大王不妨先派人接受。等土地到手後，再與齊國絕交也不晚。」楚懷王哪裡肯聽，一面關閉邊界，與齊國絕交；一面派人出使秦國接受商於土地。

張儀回到秦國後，佯裝墜車摔傷了腿，告假在家，一連三個月沒上朝。楚國的使者連張儀的面都見不到，更別說接受商於的土地了，只好如實向楚懷王稟報。楚懷王得知後，自言自語道：「張儀肯定是覺得我與齊國決裂得還不夠徹底。」遂派勇士宋遺去了齊國的邊境，把齊王大罵了一頓。齊王氣得渾身直哆嗦，發誓要報此仇，馬上派出使者去見秦王，相約共同發兵征討楚國。

張儀見目的已達到，這才去朝見秦王。途中遇到了楚國的使者，使者馬上攔住張儀說道：「張相國，現在楚國已與齊國斷交，貴國也應該按照承諾，把商於六百里的土地割交給楚國了，這樣我也好回去向楚懷王覆命。」

　　張儀突然哈哈大笑道：「我想你們大王一定是聽錯了，我當時向他許諾的是我家的六里地，秦國的土地怎麼會輕易送人呢？」楚國使者氣得一臉煞白，什麼話也說不出來，馬上歸國稟報楚懷王。楚懷王這才反應過來上了當，向左右咆哮道：「傳令下去，發兵滅了秦國！」

　　秦王早已摸透楚懷王的脾性，還未等楚國發兵之時，秦王就約了齊國助戰。結果，楚國大敗，楚懷王大驚，只好主動求和，割讓兩座城池給秦國。

　　西元前三一一年，秦王派使者出使楚國，告訴楚懷王說想用武關[154]以外的土地，換取楚國的黔中郡[155]。楚王回覆說：「我不要你的土地，你把張儀交給我就行了。」秦王一直很欣賞張儀的才能，對他也很倚重，想再派他出使楚國，但又為他的性命擔憂，所以一直沒說。張儀聽說後，主動請命出使楚國。秦王說：「楚懷王恨你入骨，你去不是白白送死嗎？」

　　張儀說：「現在秦國強大而楚國弱小，楚懷王不會拿我怎麼樣的。而且我與楚國寵臣靳尚是朋友，靳尚又是楚懷王的妃子鄭袖的親信，而楚懷王又十分寵愛鄭袖，對她總是言聽計從。」於是張儀就去了楚國。張儀剛到楚國，就被楚懷王的士兵抓住投入大牢，準備處死，以洩心頭之恨。

154　武關：今陝西省商洛市丹鳳縣東的少習山峽谷之間武關河的北岸。
155　黔中郡：中國古代行政區劃名。轄境約當今湖南省西部和貴州省東部。

第五章　巧舌之簧篇

　　靳尚得知張儀被捕，馬上進宮對鄭袖說：「妳處境危險了！」鄭袖問：「我安居宮中，禁衛森嚴，何險之有？」靳尚說：「秦王十分喜歡張儀，一定會救他的。聽說秦王打算用上庸[156]中的六縣送給楚國，還要遴選一批能歌善舞的美女進獻給楚懷王。楚懷王既看重土地，又十分忌憚秦國，一定會答應的，這樣一來秦國的美女一定會得寵，那妳就要失寵了。我看還不如把張儀放回去。」

　　鄭袖考慮到自己的利益，不住地勸楚懷王說：「做臣子都要竭盡全力，為他的君王效力。現在用來交換的土地，我們還沒割交給秦國，秦王就派張儀前來，這是對您的尊重。如果殺了張儀，秦王惱怒之下，必會舉兵攻打楚國。我請您准許我帶著孩子到江南避難，以免被秦兵所害。」楚懷王被這股枕邊風說動了，便下令放了張儀，並賜予厚禮。

　　張儀趁機又對楚懷王說：「秦國十分強大，兵強馬壯足以吞併天下。而合縱抗秦之人，猶如驅羊與老虎搏鬥。現在大王不結交老虎，卻親近羊群，小臣以為您錯了。如果現在秦國聯合韓、魏進攻楚國，那楚國就危險了。大王您若是能採納我的意見，我一定會盡力讓秦國和楚國成為兄弟之邦，永不互相攻打。」楚懷王最終採納了張儀的建議，與秦國結好。

　　後來，張儀周旋於各個諸侯國之間，先後說服燕、韓、

156　上庸：今湖北竹山縣西南。

趙等國「連橫」親秦。就這樣，六國「合縱」抗秦的聯盟終
於被張儀各個擊破了。

【古今通鑑】

> 在險惡的政治環境中，張儀憑藉三寸不爛之舌，遊
> 走於諸侯國之間，採用連橫的策略，分析形勢，一語擊
> 中要害，使得六國「合縱」聯盟迅速瓦解。張儀是個滿
> 腹韜略的人，竟然敢兩次戲弄楚懷王，在身陷囹圄的被
> 動情況下，還能力挽狂瀾、反敗為勝。究其成功原因就
> 是張儀懂得投人所好，說了楚懷王想聽也十分在意的事
> 情，因此，楚懷王才採納了他的意見。

為社稷觸龍說太后

　　周赧王五十年（西元二六五年），秦昭王派兵討伐趙
國，接連攻克趙國三座城池。當時，趙國的惠文王剛剛薨[157]
逝，太子丹繼位，是為孝成王。孝成王未及弱冠[158]，無法理
事，所以把朝中一切事務，都交給他的母親趙太后處理。

　　趙太后情知僅憑趙國的兵力，是無法抵擋秦軍的虎狼之

157　薨（ㄏㄨㄥ）：古代稱諸侯之死。後世有封爵的大官之死也稱薨。
158　弱冠：古人二十歲行冠禮，以示成年，但體猶未壯，還比較年少，故稱
　　　「弱」。冠，指代成年。

第五章 巧舌之簧篇

師，便派使者向齊國求救。齊國回覆說：「齊國願意幫助趙國，但必須以孝成王之弟長安君作為人質，讓齊國相信趙國的誠意，才肯發兵相助。」朝中大臣苦苦勸諫數日，趙太后無論如何也不答應，怒聲說道：「我決定的事情，誰都休想改變。如果誰還敢來勸說讓長安君做人質，看我老婆子不吐他一臉口水。」當時，重臣藺相如已經告老還鄉，朝中似乎再也找不出第二個勸得動趙太后的人，眾臣不知該怎麼辦，一時愁容相對。

趙國老臣觸龍聽說此事後，便請求面見趙太后。趙太后知道他是來勸諫的，憋了一肚子火，正好向他發洩，讓其知難而退，因而堵住眾人之口。觸龍入殿便看見趙太后一臉怒容，心中明白了十有八九，便一路小跑到趙太后的面前，磕頭問安道：「趙太后恕罪，老臣腿腳不好，活動不方便，所以很久沒來看您了，但我又擔心您的身體，所以特意來探望您。」

趙太后沒好氣地說：「我老太婆比你也好不了多少，全靠別人用轎子抬著出行。」

觸龍又問：「那您最近飲食可好？」趙太后說：「每天只能喝點稀粥。」說至此，趙太后的臉色緩和了一些。

觸龍見狀，不失時機地說：「老臣膝下有個小兒子，名字叫舒祺，很不成器，但我又十分疼愛他。如今，我也老了，想懇請趙太后准許他進宮當一名侍衛。」

趙太后聽了，點頭說道：「這事不難辦，你兒子多大年齡了？」觸龍說道：「十五歲了。年齡雖然是小了些，但我想在有生之年把他託付給您，這樣我就死而無憾了。」趙太后說：「真沒想到，你也偏愛小兒子。」觸龍說：「還是趙太后了解老臣。老臣心疼小兒子更甚婦人。」趙太后微微一笑，說：「不對，你怎麼能比得上婦人疼愛小兒子呢？」

觸龍見時機已成熟，也笑著說：「老臣私下裡覺得太后疼愛燕后要超過疼愛長安君。」趙太后說：「這你可就說錯了，我疼愛長安君要遠遠超過對燕后的疼愛！」

觸龍卻說：「父母疼愛自己的子女，都會為他們考慮將來。當年，燕后出嫁時，您依依不捨，攀住車轅，抱著她的腳痛哭不已。等她嫁人之後，您十分想念她，甚至暗中流淚。但是，您每次做祭祀的時候，卻虔誠地祈禱：『千萬別讓人休回來！』您之所以這麼做，就是替她考慮將來，是希望她的子孫後代能做燕國的君主啊。」趙太后感慨地說：「你說到我心裡去了。是啊，身為父母有誰不希望自己的子女有個好前程呢？」

觸龍問道：「從這一輩往上推三代以前，甚至到趙國建立的時候，趙王的子孫後代有誰能把爵祿繼承到今天？」趙太后想了想，說：「好像還沒有。」

觸龍又接著說：「趙王的這些後代一旦遇到滅頂之災，

第五章　巧舌之簧篇

近不能保全自身，遠不能庇護子孫後代，難道是因為他們受封之後就變壞了嗎？顯然不是這樣的，而是因為他們從先輩那裡繼承了很高爵位，卻沒有一點功勞；得到的俸祿豐厚，自己卻沒有為國家出一點力。如今，您老想抬高長安君的地位，賞賜給他無數良田美宅，賦予他至高無上的權力，卻不讓他為國家做貢獻。將來有一天，您一旦不在了，那他還能依靠誰呢？他又如何在趙國立足呢？」

趙太后聽了，恍然大悟，當即下令為長安君準備一百輛馬車，派人護送他到齊國做人質。齊國見趙國送來了長安君，馬上發兵援助趙國。秦昭王得知後，馬上下令撤走了軍隊。

【古今通鑑】

俗語云：「良言一句三冬暖，惡言一句六月寒。」一句關心、友善的話，往往能使人的心溫暖如春，就會收到意想不到的效果。觸龍說太后就是一個典型的例子。觸龍能成功說服趙太后的原因，除了他高超的語言表達技巧外，更在於他能設身處地為對方考慮，深知對方的心理；同時，也由於他也確實為長安君做了長遠的打算，所以，趙太后才答應讓長安君去齊國做人質。

═ 展英才陳平任相國 ═

陽武[159]人陳平，自幼家境貧寒，嗜書如命。起初，他在家鄉的社廟中做社宰時，把祭肉一塊塊分得十分均勻，父老鄉親都稱讚道：「陳平分肉，分得真公平！」陳平感慨道：「假如我陳平有機會治理天下，一定會像分配祭肉一樣公平的。」

農民起義軍將領陳勝，在陳縣[160]稱王後，派兵攻下魏地，擁立魏咎為魏王。此前，陳平為了實現自己的抱負，前來投奔魏王，並屢次為魏王出謀劃策，但魏王沒有接納。陳平見自己才華得不到施展，再加上小人到處說他壞話，一氣之下，便離開了魏王，投奔了項羽。項羽還算寵信陳平，對他也不薄。後來，殷王司馬卬，起兵反叛項羽，項羽派陳平征討，陳平本不欲大動干戈，便動之以情，曉之以理，說服了司馬卬罷兵謝罪。項羽聽聞大喜，賞賜了陳平不少錢財。

陳平剛剛平定殷地不久後，劉邦率兵攻打殷地，項羽忙命陳平帶兵救應，但行至途中，聞聽司馬卬已獻城投降劉邦，遂折返回營。項羽見救兵走後沒多久，就返回營地，問明情形後，欲遷怒於陳平。陳平怕引火焚身，無奈之下，便投奔了劉邦。

159　陽武：今河南省原陽東南。
160　陳縣：今河南省淮陽。

第五章　巧舌之簧篇

　　陳平與漢將魏無知是多年的好友，在魏無知的引薦下，陳平面見劉邦。兩人縱談國家大事，十分投機。劉邦十分欣賞陳平的才華，當即任命他為都尉[161]，把他留在身邊做參乘[162]，並監護三軍將校。

　　從此，陳平成為劉邦帳下重要的謀士。但陳平的得勢卻引起了諸位將領的不滿，你一言，我一句，說陳平是楚軍逃兵，也不知有多少本事，就有資格與大王同坐一輛車，而且還監管我們！

　　這種私議，劉邦初有耳聞，但從未在意過，反而更加厚待陳平。但日子一久，劉邦手下大將周勃和灌嬰無法忍受，便向劉邦進言道：「陳平雖美如冠玉，恐怕是徒有其表，未必有一番真才實學。」

　　劉邦聽後，卻不以為然地說：「我早就聽聞你二人不滿陳平，那只不過是你們嫉妒他罷了，為何還要說他毫無才學呢？」

　　灌嬰說道：「大王，就算他真有一番才學，但他品行卻不怎麼樣。臣等聽聞他在故鄉時，與嫂子的關係曖昧不清，如今掌管三軍將領，大肆收取諸將賄金。如此好色之徒、貪財之輩，大王卻把他留在身邊，將來必是禍害啊！」

　　劉邦聽後，也不免起了疑心，遂召來舉薦陳平的魏無

161　都尉：武官名。
162　參乘（ㄘㄢ ㄕㄥˋ）：古時乘車，坐在車右擔任警衛的人。

知，責問道：「你舉薦陳平有才，現在卻傳言他逆倫盜嫂，私自收取賄金，人品不好，難道你是故意欺瞞我不成？」

魏無知說道：「當初臣舉薦陳平，主要是他有才能。您想想看，如果他單有品行，卻是個庸碌之輩，那這樣的人對您有用嗎？能幫您奪取天下嗎？如果我只為您舉薦一些有德行卻沒才能的人，您會滿意嗎？」

劉邦聽了此言，雖覺有理，但仍然有些懷疑，等魏無知拜辭後，又召入陳平，說道：「你原來侍奉魏王，後來又幫助項羽，如今又來投奔我，三易其主，這是不是說明你是一個反覆無常之人呢？」

陳平答道：「當初我侍奉魏王，魏王不接納我的意見，所以我才幫助項羽。項羽卻無法信任我，後來聽聞大王賢明，知人善任，因此特來歸附。我空手而來，一無所有，不接受別人的金子，就無法生存下去，更無法替大王辦事。如果您認為我的計謀毫無可用之處，我願意悉數退還金子，辭官歸鄉。」

劉邦這才消除了疑慮，重重賞賜了陳平，並任命他為護軍中尉，監管全軍將領。從此，諸將再也不敢搬弄陳平的是非了。陳平屢出奇計，輔助劉邦奪取了天下，成為西漢的開國功臣之一。

第五章　巧舌之簧篇

【古今通鑑】

　　受到別人的詆毀無可避免，由詆毀引發的猜疑，也不易打消。陳平身陷這種困境下，應對的手段非常高明，他不做任何掩飾地承認「受金」的事實，而且誠心實意地說明，他是為公不得已「受金」，並且在肯定劉邦知人善任的前提下，強調了個人的價值，並以退為進，巧妙地用「如數退還資金」、「辭官回鄉」的話由，成功打消了劉邦的疑慮，因而贏得了更大的信任。

＝曹操白門樓斬呂布

　　漢獻帝建安三年（西元一九八年），曹操正式起兵討伐呂布。

　　等曹操大軍出動時，泰山軍首領臧霸、孫觀、吳敦、尹禮、呂等都歸附於呂布。曹操行軍到梁地[163]時，與劉備相遇，兩家合兵一處，一同進駐彭城。

　　謀士陳宮向呂布獻計道：「曹操長途跋涉，兵困馬乏，我們應該積極準備，以逸待勞，給曹操迎頭一擊。」呂布笑道：「那還不如等他們來了，我們把他們趕到泗水裡淹死。」曹操

163　梁地：即梁國，是梁孝王劉武在今河南商丘一帶建立的西漢封國，都城睢陽（今河南商丘）。

順利地占據彭城，曹操又下命，將城中百姓兵卒，全部屠殺。

　　曹操命廣陵郡[164]太守陳登為先鋒，率兵殺氣騰騰地進逼下邳[165]。呂布親自率軍，屢次與曹操交鋒，幾戰幾敗，最後引兵退回下邳，緊閉城門，不敢再出戰。

　　曹操寫信給呂布，向他分析利害關係，勸他獻城投降。呂布看罷，徑直走上城頭，俯視曹營，只見曹兵如蟻，個個凶悍異常，不免有些心驚，便與陳宮商議，準備出降。陳宮急忙勸阻道：「曹操遠道而來，必不會長久停留。將軍可率大軍駐紮在城外，我率餘眾堅守城內。如果曹操進攻將軍，我率軍出城，襲擊曹操的後方；如果曹操來攻城，將軍可率兵支援我，互相呼應，不出一月，曹操的糧食必會吃完，自會退兵。那時我們發動進攻，裡外夾擊，必能大敗曹操。」

　　呂布聽罷，轉懼為喜，當即命將軍高順和陳宮一起守城，自己收拾戎裝，準備出城安營紮寨。晚上，呂布把此事告訴了妻子，他的妻子聽後，反對說：「陳宮和高順向來無法和睦相處，將軍一出城，他們兩人豈能同心守城？萬一城中有變，將軍又該如何應對？況且曹操對陳宮就像對待懷中嬰兒一樣好，陳宮卻背叛曹操投奔將軍；而今將軍對陳宮的好遠不及曹操，卻如此輕率地將城池交給他，拋棄妻兒家小，獨自出城征戰，一旦有什麼變故，我恐怕再也難見將

164　廣陵郡：今江蘇揚州。
165　下邳（ㄆㄟˊ）：今江蘇省睢甯縣古邳鎮。

軍了！」呂布一聽，立刻改變了主意，便派遣手下許汜、王楷，趁夜出城，偷偷地繞過曹操軍營，向袁紹求救。

　　袁紹見了許汜、王楷二人後，說道：「呂布想要我發兵救他，必須先把女兒送來做人質，否則別來找我。」許汜、王楷齊聲說道：「您和呂布是唇齒相依的關係，您如果不救呂布，呂布一旦兵敗，那您自然也就跟著失敗了。」袁紹這才調兵遣將，發兵援助。

　　呂布堅守下邳城，不論曹軍如何叫陣、謾罵，拒不出戰。曹操命兵士挖掘壕溝包圍下邳城，呂布和陳宮帶兵拚死抵抗。曹操見下邳城久攻不下，將士疲乏，遂生退兵之心。謀士荀攸、嘉進諫道：「呂布剛雖勇猛無敵，但缺乏謀略，現在他屢戰屢敗，銳氣已喪失，陳宮雖足智多謀，但機變不夠。我們應該趁陳宮的計謀還未定下來，發動急攻，定能一舉滅掉呂布。」

　　曹操撚鬚思慮道：「話雖如此，但下邳城一時難以攻下，將士們已無心作戰，這可如何是好？」郭嘉稍微沉吟一番，獻計道：「可以開鑿渠道，將泗水引來，灌入城中。」曹操點頭應允，當即派出將士決河灌城，僅僅幾個時辰，下邳城中一片汪洋，房屋盡悉被淹，軍民皆逃往高處避水。

　　呂布登上城頭，眼見城內外皆成水鄉，不由雙眉緊鎖，懼從心生，對曹軍兵卒說道：「你們不要逼迫我，我願意向

明公投降。」當時，陳宮站在一旁，怒睜雙眼，盯著呂布說道：「逆賊曹操，怎能稱得上明公？將軍若是投降曹賊，如何能保住性命？」呂布長嘆一聲，毫無辦法，只得下城回府，與姬妾飲酒排遣煩悶，喝得酩酊大醉。次日清晨，撫鏡自照，臉色憔悴，形容消瘦，不由失聲叫道：「我損瘦至此，定是為酒所誤，應當戒掉為好。」當即通告全城，不得聚眾宴飲。

恰巧，呂布的部下侯成有匹汗血寶馬，失而復得，諸將向侯成送禮道賀。侯成為表示感謝，欲宴請諸將，但又擔心有違禁酒令，便預先留出一份酒肉，進獻給呂布。呂布正被曹操圍困得暴躁不安，又無處發洩，怒喝侯成道：「我下令禁酒，你們偏要聚宴飲酒，欺人太甚！莫不是想借獻酒之名，來謀害我不成？」侯成又氣又怕，暗中與宋憲、魏續等將領密謀，等到夜間，竟起兵作亂，將陳宮、高順拘拿，開城投降曹操。

呂布聽聞有變，慌忙率部登上白門樓。見城下曹兵如蟻，劍戟甲冑與聒噪之聲，混作一團，令人聞而生畏。呂布自覺窮途末路，向左右兵卒說道：「你們跟隨我再無益處，不如梟我首級，拿去向曹操邀功。」左右聽了，紛紛落淚，不肯殺呂布，都勸說呂布出城投降，或許可保身家性命。呂布再無它法，只能率眾下樓投降曹操。

第五章　巧舌之簧篇

　　呂布見到曹操說道：「我已全心全意投降您了，如果您能讓我統率騎兵，您親自統率步兵，謀取天下易如反掌。」呂布又對劉備說道：「玄德兄，如今我淪為階下之囚，你難道真的見死不救嗎？何不代我一言，從輕發落？」又轉臉對曹操大呼道：「我被綁縛太緊，請明公為我鬆綁。」曹操笑道：「捆縛老虎，不得不緊。」說著，就要上前為呂布鬆綁。劉備見狀，忙阻攔道：「萬萬不可，您難道忘了呂布曾事奉的丁原和董卓的下場了嗎？」一語驚醒夢中人，曹操想到作為呂布義父的丁原和董卓，相繼被呂布所殺，把這樣的人留在身邊，豈不是養虎為患，自掘墳墓？於是，他沒為呂布鬆綁。

　　呂布聽了劉備的話，怒喝道：「大耳朵的小兒，最不能相信！」

　　後來，呂布和陳宮、高順一同被絞殺，頭顱被送入京師許都示眾。

　　除去呂布這個勁敵後，曹操實力大增，為將來消滅袁紹等割據勢力，創造了有利條件。

【古今通鑑】

　　曹操擒獲呂布後，覺得呂布勇猛無敵，是位不可多得的將才，有心饒其不死，留為己用。劉備擔心曹操得呂布後，會如虎添翼，不利自己日後的光復大計。為了

永除後患，他建議曹操殺了呂布。劉備考慮到曹操用人不拘小節，且生性多疑，如果痛陳呂布的種種惡行，恐怕不足以說服曹操。於是，劉備只說了一句：「公不見丁建陽、董卓之事乎？」一句話切中要害，讓曹操想到呂布的忘恩負義和心狠手辣，很難成為自己心腹，將來說不定自己也會成為他的刀下之鬼。於是，曹操沒再猶豫，馬上殺了呂布。

═ 智王猛捫蝨談天下 ═

司馬炎篡得曹魏天下，建立西晉，授宗王以兵權，以在危急之時，保護西晉王朝，以為如此便能長治久安，江山永固，傳以千代乃至萬代。哪知世事難料，司馬炎死後，兒子司馬衷繼位，即晉惠帝。晉惠帝愚癡不善政事，被親信玩弄於股掌，朝政極其不穩。後來禍起蕭薔，又起八王之亂[166]，同室操戈，手足相殘，信義喪盡。本已歸降的匈奴，趁西晉大亂，起兵南下，滅了西晉。

西晉既滅，西晉王室後裔司馬睿逃往江南，再建東晉。還未等東晉政權立穩腳跟，五胡[167]趁機起兵，大舉侵犯華

---

166 八王之亂：西晉年間司馬氏同姓王之間為爭奪中央政權而爆發的混戰，前後歷時十六年，中國歷史上空前的大內訌，並引發了亡國和近三百年的動亂。

167 五胡：指的是匈奴、鮮卑、羯、氐、羌北方游牧民族。

第五章 巧舌之簧篇

夏故地，互相爭戰，先後建立二十餘個政權，俗稱「十六國 [168]」，史稱「五胡亂華」。

穆和帝十年（西元三五四年），東晉大將桓溫北伐，擊潰前秦苻（ㄈㄨˊ）堅 [169]，屯兵於灞上。桓溫一路撫慰秦民，嚴肅軍律，秋毫無犯。秦民大悅，殺豬宰羊，備上好酒迎接晉軍。有的百姓還流著淚說：「沒想到還能見到官軍，我們受夠了氐族的欺辱。」

一天，桓溫正在軍帳議事，忽然親兵來報，說有個叫王猛的寒士求見。

王猛，字景略，家境貧困，以販賣畚箕 [170] 為生。自古貧賤出英雄，王猛雖然家窮，但自幼聰明好學，長大後，學識淵博，心懷大志，不屑於俗人的小事中，因此常常遭到人們的嘲笑。王猛卻毫不在意，隱居華山，拜師研習兵法，以待風雲之起，做一番事業。

當時，王猛聽聞桓溫伐秦，幾戰幾勝，大敗秦軍，正駐紮在灞上，隨即動身下山，前來投奔桓溫。桓溫自入關以來，本想廣羅英雄志士，共圖大計，然而數月過後，卻無一人來投，忽聞有人求見，馬上請入帳中。只見王猛身著藏青色粗布短衣，腳下穿一雙破麻鞋，年約三十左右，衣著打扮

---

168 十六國：前涼、後涼、南涼、西涼、北涼、前趙、後趙、前秦、後秦、西秦、前燕、後燕、南燕、北燕、胡夏、成漢。
169 苻堅：氐族，苻洪第三子。十六國時期前秦高祖景明皇帝。
170 畚箕：用木、竹、鐵片做成的盛垃圾、糧食等的器具。

雖寒酸，但容貌奇偉，顧盼之間神彩照人，舉手投足穩重大方。

桓溫見他瀟灑大度，器宇不凡，已有幾分喜歡，遂邀其入座，詢問他對眼下時勢的看法。王猛大庭廣眾之下，一面捫蝨，一面縱談國事，滔滔不絕，旁若無人。桓溫見他有如此才華，暗自歡喜不已，又問道：「我奉天子之命，率精兵十萬討伐逆賊，卻不見關中豪傑前來效勞，這是何故？」

王猛單刀直入，回答說：「您不遠千里深入敵境，長安就在眼前，您卻不橫渡灞水，將它拿下，大家不知您的意圖，唯恐您半路撤兵後，會遭到先秦的迫害，所以大家不敢來投。」

桓溫顧慮也正是此事，他覺得若是收復關中，除了能得到一些虛名外，土地還是屬於朝廷的，與其為朝廷出生入死，為他人作嫁，不如自己擁兵自重。王猛一語擊中桓溫的要害。桓溫一時無話，沉默良久，由衷贊道：「江東[171]名士雖多，但卻沒有一個能比得上您的。」遂把王猛留在軍中。

桓溫與秦軍大戰於白鹿原[172]，桓溫大敗，死亡萬餘人。當初桓溫打算等麥熟，就地籌措軍糧，不料秦軍卻搶先一步，一夜間割盡麥苗，堅壁清野。眼見軍中只有數日之糧，又逢新敗，軍心動搖，將士毫無鬥志，桓溫打算退兵。

171　江東：是地理概念，字面上指長江以東地區，又稱江左。
172　白鹿原：位於西安東南。

第五章　巧舌之簧篇

　　王猛聽聞後，立刻入帳力諫道：「萬萬不可退兵！您應該立刻率軍橫渡灞河，攻取長安，以示滅秦之志。關中豪傑得知後，必然會起兵相助，如此一來，軍糧不愁，先秦也將會覆滅。如果就此退兵，秦軍必會追擊，晉軍危矣！」

　　桓溫卻道：「軍隊不可一日無糧，現在軍心就開始渙散，那日後又如何處置？我意已決，即日退兵。」臨行前，桓溫許以高官，想讓王猛一同南下。

　　王猛心想在貴族組成的東晉王朝中，很難施展自己的才華，而且追隨野心勃勃的桓溫，則是助其篡晉，實在有違自己的心願。所以，他堅決推辭，不予接受，而是再次隱居讀書，等待下一位明主的出現。

【古今通鑑】

　　王猛是當之無愧的諸葛亮式的人物。王猛看透了東晉王朝的腐朽，以及桓溫的圖謀不軌，所以，他果斷地拒絕了桓溫的好意，再次隱居。後來，他遇到了前秦宗親苻堅，兩人一見如故，相見恨晚。王猛見苻堅雄才大略，堪成大事，於是主動出山幫助苻堅奪取皇位，王猛也因此名留千古。由此可見，一個有才能之人必須跟對英主，才能成就一番大事。

═ 狄仁傑智勇脫險境 ═══════════

狄仁傑是唐朝武則天時期的宰相。他為官清廉，剛正不阿，不畏權勢，而且機辯多才，在朝中很有威望。

自古人與人之間政治鬥爭目的，是為了謀求更大權力，官位越高，越能光耀門庭，瓊樓玉宇杜康美酒，其滋味無可替代。狄仁傑身居高位，自然惹來武則天的寵臣來俊臣的嫉妒，他總想扳倒狄仁傑，取而代之。

西元六九二年，來俊臣捕風捉影，捏造罪名，誣告狄仁傑等七人企圖謀反，並將他們打入大牢。來俊臣提前得到武則天的准許：凡是主動招供有謀反之意者，死罪可免，也不用受皮肉之苦。來俊臣便打著武則天的幌子，誘騙狄仁傑等人主動認罪。

狄仁傑為官多年，宦海風濤經歷無數，再加之他胸有包羅萬象之才學，使他成了一個老辣圓潤到了極點的人。他非常明白自己遭人誣告，蒙受不白之冤，今之上策，應該是虛與委蛇，與之周旋，倘若激怒了來俊臣，他則會殺人滅口，到那時，即使有再大的冤屈也沒機會申訴了。所以，狄仁傑剛入獄，就主動交待道：「武則天代唐而建立武周王朝，萬象更新。唐朝舊臣，不甘坐等誅殺，遂策劃謀反。」

來俊臣得到想要的口供，便喝令住正要對狄仁傑動刑的獄卒。參與審案的官吏王德壽見狄仁傑認罪伏法如此痛快，

第五章　巧舌之簧篇

遂心生邪念，對狄仁傑說道：「狄公既已認罪，性命無憂，只是我還想升官，所以若是你能供出宰相楊執柔是同犯，我就會得到升遷。」狄仁傑仰天嘆道：「這等苟且之事，我是絕對不會做的，你死了這條心吧！」說罷，用頭撞牆，頓時頭破血流。王德壽怕把事情鬧大，慌忙攔住狄仁傑說道：「狄公，你不願意牽連就算了，這又是為何？」

酷吏侯思止審訊大臣魏元忠時，魏元忠剛正不屈，高呼冤枉，不交代罪行。侯思止氣極敗壞，命人把他倒吊起來，用鞭抽打他，頓時皮開肉綻，一度昏厥，等他醒來後，依然不屈服，對侯思止說道：「你若是想要我的腦袋，請隨意割去，為何非要讓我承認謀反呢？」狄仁傑既承認謀反，來俊臣等酷吏忙著羅織罪狀陷害別人，對他的看管也就沒那麼嚴格了。

狄仁傑趁機從被子上撕下一塊布，在上面寫了一份訴狀，然後塞進棉衣裡，對王德壽說：「天氣開始熱了，我想把棉衣交給我的家人，讓他們去掉裡面的棉絮再送來。」王德壽沒有多疑，准許狄仁傑把衣服交給前來探監的兒子狄光遠。

狄光遠十分聰明，當下就明白了父親的用意，回到家拆開棉衣便發現了訴狀。狄光遠馬上拿著訴狀進宮告狀。

武則天看了訴狀，疑竇叢生，便問來俊臣道：「狄仁傑等

人不是都招供自己的罪行了嗎？為何還要申訴？」來俊臣回答說：「他們要是沒有謀反之心，怎麼會招供呢？而且他們獄中的衣冠整潔，食宿都好。」言外之意就是，我沒有濫用刑法，他們都是自願供認的。

武則天還是有些疑心，命通事舍人[173]周綝（ㄌㄧㄣˊ）去獄中查看。來俊臣忙命人為狄仁傑等七人換上新衣服，沿牆站成一排。周綝十分忌憚來俊臣，生怕惹禍上身，進入獄中，不敢細看，只是一個勁點頭應諾。來俊臣一看周綝膽小如鼠，草包一個，無所畏懼，便偽造狄仁傑等七人的謝死表，然後讓周綝呈送給武則天。

武則天看過謝死表後，對狄仁傑等人有謀反之意深信不疑，遂交給來俊臣全權處置。來俊臣要的就是這句話，他馬上準備誅殺狄仁傑等人。

正當狄仁傑命懸一線之時，已被陷害至死的前鸞台侍郎[174]樂思晦的兒子還不滿十歲，他要求覲見武則天。武則天接見了他，他說：「我的父親被陷至死，家中幾十口人四處逃散，我不忍心看到朝中的法紀被來俊臣毀壞殆盡。陛下如果不相信我的話，請您挑選您認為最忠心的大臣，以謀反之罪交來俊臣審問，結果肯定是全部都承認有謀反之意。」

武則天這才覺得此事必有隱情，當下召見了狄仁傑等

173　命通事舍人：官名。掌詔命及呈奏案章等事。
174　鸞台侍郎：古代官名。

人。武則天問狄仁傑為何要承認謀反，狄仁傑說如果不承認，則會有受不盡的酷刑，再者就是會殺人滅口，那樣就再也沒機會伸冤了。武則天又拿出謝死表讓與他們對質，他們七個人沒有一個承認，武則天這才知道才知道謝死表是偽造的，於是赦免了他們，只是全部被貶了官。

來俊臣見計畫失敗，又數次上奏請求誅殺狄仁傑等七人，但武則天卻不再聽從了。

【古今通鑑】

在我們遇到一些不公正的待遇時，要先克制住自己的怒氣，不要四處奔走大聲疾呼，更不能採用以命博取清白的極端方式。這些都是不明智的，不如學習狄仁傑的以退為進的計謀：表面妥協承認謀反之罪，後來卻又以頭撞柱，顯示了他剛正的一面，剛柔並濟下，他又用計謀為自己洗刷了清白，得以保住性命。

第六章　修身正己篇

第六章　修身正己篇

═ 入牢獄貫高受酷刑 ═══════════

　　漢高祖七年（西元前二〇〇年），韓王信[175]與匈奴勾結反叛西漢，漢高祖劉邦親率大軍征討，結果中計，被匈奴圍困於白登山[176]，陳平巧施美人計，使匈奴自行退兵，劉邦帶兵返回國都。途中經過趙國，趙王張敖是劉邦手下大臣張耳的兒子，他也是劉邦的女婿，因此張敖非常恭謙地伺候劉邦的生活起居。

　　然而，劉邦非但不領情，反而經常辱罵張敖，十分無禮。張敖始終笑臉相迎，從此更加小心伺候劉邦。趙國相國貫高、趙午等人氣憤難當，暗中勸說張敖道：「天下大勢，群雄逐鹿，唯德才兼備者，方能稱王為帝。如今，您精心侍奉劉邦，他卻報以惡語相報。這樣傲慢無禮之人，不配當皇帝，讓我們殺了他，擁護您當皇帝。」

　　張敖聞聽此言，拍案而起，說道：「你們追隨我父王多年，怎能說出這等謀逆之言？當年項羽在鉅鹿大敗秦軍，入關之後，封我父王為常山王，後來父王被陳餘（ㄩ ˊ）聯合叛軍打敗，占領我們的土地。父王萬般無奈之下，投靠了劉邦，跟隨他南征北戰，奪取天下，屢建功勳，被封為趙王，

175　韓王信：為戰國時期韓襄王庶出孫子，為免與同時期名將封淮陰侯的韓信混淆，故稱韓王信。他是秦末漢初將領，西漢初年被劉邦封為韓王，後來投降匈奴，西元前一九六年與漢軍作戰時被殺。

176　白登山：亦稱小白登山，今名馬鋪山，位於山西省大同市城東五公里處。

得以復國，我才能坐到今天的位置。可以說，我家的一切都是劉邦賞賜的，我怎麼能不知恩圖報，反而要做對不起他的事呢？」

貫高、趙午等人暗中商議道：「我們慮事不周，沒辦好此事。大王仁義有德，絕對不會允許我們做對劉邦不利的事情。而我們就是為大王受辱之事感到憤怒，才有誅殺劉邦的念頭。我們既為大王著想，就不應該把他牽扯到這件事當中。我們只能再尋找機會，刺殺劉邦，如果成功，馬上擁立大王為帝；一旦失敗，我們應該自己承擔責任。」

漢高祖八年，（西元前·九九年），劉邦在東垣[177]追剿韓王信的殘兵，途中經過柏人[178]。貫高等人派出刺客埋伏在廁所中，準備刺殺劉邦。到了晚上，劉邦正要就寢，忽然感到一陣心慌意亂，忙問侍從道：「此縣叫什麼名字？」侍從回答說：「此縣名叫柏人。」劉邦沉吟一番，大驚失色道：「柏人……豈不是迫害人的意思嗎？此地必有凶險，還是早走為好。」就這樣，劉邦無形中躲過一劫。

次年，貫高的一個仇家無意中探知他們的計畫，立刻向劉邦告發。劉邦得知後，勃然大怒，下令逮捕趙王張敖，以及貫高等參與謀反的人。趙國很快得知了這個消息，參與密謀的十個人紛紛準備自刎而死，貫高怒喝道：「現在事已

177　東垣：今河北省石家莊市東北。
178　柏人：今河北省內丘縣東北。

洩密，大王受我們的牽連，一定會被捕，你們一死了之，誰能證明大王的清白呢？」不久，貫高和趙王被捕，並押往長安。

　　到了長安，貫高主動對審訊官員說：「密謀刺殺皇帝之事，都是我們一手策劃的，與趙王沒有關係。」獄吏開始嚴刑逼供，用皮鞭抽打貫高幾千次，又用針刺他，直到皮開肉綻，體無完膚，貫高仍不肯把趙王牽扯進來。呂后知道此事後，對劉邦說：「我們的女婿張敖，肯定不會謀反的，定是有人誣陷他。」劉邦怒聲道：「要是張敖得了天下，身邊還會缺女人嗎？」

　　幾天後，審訊官員把審訊情況，以及貫高的表現報告給劉邦。劉邦聽了，感嘆道：「真乃壯士也！看來酷刑對他是不管用的，有誰和他關係好，試著用私情問問他。」這時，中大夫洩公說：「我與貫高是同鄉，我很了解他。此人素來信守承諾，十分重義氣，我去試試，說不定能問出些什麼。」

　　劉邦便派洩公去獄中，因貫高渾身是傷，無法起身，奄奄一息地躺在竹床上。洩公先是問他的傷勢如何，接著又和他回憶了家鄉的一些事情，閉口不提關於密謀之事，貫高也頗有興致，兩個聊了很久。最後，洩公臨走之時，以一個老朋友的口氣問道：「密謀刺殺皇帝，趙王真的不知道嗎？」

　　貫高回答說：「你想一想，現在有哪個人不愛自己的家人

呢？但如今，因為此事，皇帝要誅我三族，難道我會用親人的性命去換趙王的活命嗎？趙王的確不知情，都是我們自己這樣做的。」接著，貫高詳細地講述了他們當初密謀刺殺劉邦的本意，如何策劃，如何實施，一五一十全盤托出。

泄公覺得貫高說的都是實話，馬上入宮原原本本稟告給劉邦。劉邦這才相信張敖的確沒有謀反之心，便下令釋放了張敖。

透過此事，劉邦愛貫高的忠心和勇氣，想收為己用，便又派泄公去見貫高。泄公剛見貫高，就說：「張敖已經被釋放了。」貫高有些不相信，等再次確認後，他高興地說：「真是太好了，大王終於重獲自由了！」

泄公又說：「不僅如此，皇帝也赦免了你的罪行，而且皇帝十分欣賞你的為人，想請你入朝為官。你看，這真是雙喜臨門啊。」

貫高卻搖搖頭說：「我受盡酷刑而不肯一死了之，就是要證明趙王沒有參與謀反。現在趙王的冤屈得以澄清，我的職責已盡到，死而無憾！現在我作為臣子背負弒君的罪名，又有何面目入朝堂侍奉皇帝呢？即使皇帝不殺我，我心中難道沒有愧疚嗎？請你轉奏皇帝，說我感謝他的一番美意，但我絕不會出仕為官了。」說罷，自刎而死。

第六章 修身正己篇

【古今通鑑】

　　古語云：「為人臣者，君憂臣勞，君辱臣死。」貫高是一位忠義之士，當他看到自己的主公張敖受辱，自然怒不可遏，帶頭策劃刺殺劉邦。事情敗露後，貫高在獄中飽受酷刑的煎熬，但始終不肯改口，拚死為張敖洗刷冤屈。當貫高得知張傲重獲自由時，認為自己的使命已完成，自殺身亡，為後世留下一個忠勇之士的光輝形象。

═ 遵蕭規只為安社稷 ═

　　漢惠帝二年（西元前一九三年），丞相蕭何病臥在床，漢惠帝劉盈親自到府中探視，見他瘦得皮包骨，眼神黯淡無光，說話間帶著喘聲，料想再也無法醫治，不由唏噓不已，問道：「丞相，您百年之後，誰能接替您呢？」說至此，漢惠帝忽然想起高祖劉邦的遺囑，又問道：「不知曹參可好？」

　　蕭何微微點頭說：「陛下已找到合適的人選，臣死而無憾！」漢惠帝心事已了，好言安慰蕭何一番，便還宮了。同年七月，一代賢相蕭何與世長辭。蕭何一生謹慎小心，他生前購置田宅，必定選在窮鄉僻壤間，房屋因年久損毀，他也不令人翻修。他曾告誡家人道：「如果我的後代子孫賢良有

德，當學我的儉樸；如果後代不賢，這些房屋田地也不會為豪家所奪。」

曹參聞聽蕭何去世，遂命門客道：「快收拾行裝，動身去長安。」門客大惑不解，問道：「您準備去長安幹什麼？」曹參說道：「我要去長安做相國了。」門客雖有些狐疑，但卻依言去料理，待行裝準備完畢，果然有使者前來宣詔，命曹參入朝為相，門客皆為曹參的先見驚嘆不已。

曹參和蕭何是刎頸之交，當初正是他們二人聯手斬殺沛縣[179]縣令，擁護劉邦為沛公。隨後，兩人跟隨劉邦南征北戰。奪取天下後，曹參因屢建戰功，封賞卻不及蕭何，自是不服，因此兩人產生了間隙。但曹參知道，他即使和蕭何有衝突，蕭何也會不計前嫌舉薦自己的。

按常理來說，曹參當了相國之後，必然會大刀闊斧改革。誰知，曹參上任數日，所有律法條令都不曾變更，一律遵照蕭何當年制定的規定。曹參罷免了一些追逐名利、巧言色令的官吏，反而大量找來一些拙於辭令、肯幹實事的人，量才任用。從此，曹參終日痛飲美酒，不理政務。

朝中有幾位大臣，自負才能，見曹參不理政務，紛紛前去拜訪，想出言相勸。曹參自是歡迎，邀同宴飲，席間不斷勸酒，直至他們大醉而歸，無法開口勸諫，方才作罷。

179　沛縣：位於江蘇省西北部。

第六章　修身正己篇

曹參對別人犯得一些小錯誤，從不追究，因此相府一直平安無事。

漢惠帝因母親呂后專政，惆然不快，多以美酒聊解憂愁。後聞聽曹參也是終日飲酒作樂，與己相似，不由暗想：相國不理政務，反倒學我，莫非是瞧不起我？遂召來曹參的兒子曹窋說道：「你回家後，替我問你父親：『高祖剛去世不久，皇帝又年輕，朝中大事全仰仗相國，而您身為相國，卻只知飲酒，不知如何治國？』記住，不要告訴你父親，這話是我說的。」

曹窋奉命回家，按照漢惠帝所言，詢問曹參。曹參聽了，勃然大怒，竟然打了曹窋兩百戒尺，喝道：「朝廷政事你懂多少？你有資格指手畫腳嗎？還不快回宮去侍奉皇上！」曹窋無故受了一頓皮肉之苦，悵然入宮，如實稟告漢惠帝。

漢惠帝聽了有些生氣，次日上朝時，便責問曹參道：「你為何要責罰曹窋？上次是我授意曹窋問您話的。」曹參脫冠[180]謝罪道：「請陛下仔細思慮，您和高祖相比，誰更英武？」

漢惠帝脫口說道：「我怎敢與先帝相比？」曹參又問道：「在陛下看來，我與蕭何相比，誰更賢明？」漢惠帝說道：「您好像不如他。」

180　冠：衣冠。冠戴、冠蓋（古代官吏的帽子和車蓋，借指官吏）。

曹參說道：「陛下所見甚明，所言極是。當初，高祖和蕭何平定天下，所制定的法令已經趨於完美。如今天下太平，陛下大可無為而治，我等恪守自己的職責，遵循原有的法令，這樣已經足夠，沒有再修改法令的必要了。」

漢惠帝已醒悟，對曹參說道：「我知道了，您還是好好休息吧！」曹參叩謝而退，仍然照常行事。

曹參為相三年，天下安寧，百姓生活富足。當時有百姓傳誦道：「蕭何制法，整齊劃一；曹參接替，守而不失；做事清淨，百姓安心。」

【古今通鑑】

「蕭規曹隨」是古人留給後人治國安邦的智慧。曹參深知國家最忌諱朝令夕改，今天定的法令，明天就更改，讓百姓無所適從，如此一來，國家一定會逐漸衰弱下去。因為法令一變，各種利益也隨之改變，而百姓只關注自身的利益，法令變來變去，百姓便會不滿朝廷的統治，終究會釀出禍端。所以，在法令制定頒布後，就應該長期保持不變，讓百姓不再為自己的利益擔心。這樣，國家也就能長治久安了。

═ 巫蠱禍太子含冤死 ═══════════

　　漢武帝劉徹一直相信神仙方術。晚年時，由於他體弱多病，變得更加疑神疑鬼。

　　漢武帝征和元年（西元前九十二年），時任太僕[181]的公孫敬聲，自恃是丞相公孫賀之子，驕淫無度，大肆收取賄賂，過了幾年，相安無事，但他又開始不滿足，漸漸放膽，竟然貪污軍隊公款，不久東窗事發，被捕入獄。公孫賀救子心切，立案緝捕了當時犯案在逃的遊俠朱安世，以贖兒子貪污之罪。這朱安世也不是好惹的角色，在獄中上書，告發公孫敬聲與陽石公主私通，且命巫師設壇作法，詛咒宮廷，又在皇帝專用馳道旁，埋了皇帝的木像，詛咒皇帝。

　　漢武帝覽書大怒，當即下令將公孫賀父子處死，並誅其三族。陽石公主、諸邑公主，衛青之子衛伉皆受到連坐，相繼被殺。

　　當時，各類巫師、方士雲集長安，把好端端的都城搞得烏煙瘴氣。他們整天用一些奇幻邪術妖言惑眾。因為當時漢武帝對巫術深信不疑，所以，一些女巫乘機混入後宮，教宮女、嬪妃獲得寵信、躲避災禍的方法，讓她們把木頭人，埋在屋中，進行祭祀。漢武帝實在忍無可忍，下令將這些人處死，被牽入其中的巫師、宮女和大臣共有數百人之多。

181　太僕：官名。掌皇帝的輿馬和馬政。

巫蠱禍太子含冤死

一天，漢武帝在宮中午休，夢到有數千木頭人，手持木杖，想要襲擊他。漢武帝嚇出一身冷汗，突然驚叫坐起。醒後又覺得身體不適，精神恍惚，因而變得善忘。恰巧，奸佞江充覲見問安，漢武帝遂把夢境告訴了他，江充聽了，免冠叩首道：「微臣以為這些事情都是巫蠱在作怪。如果陛下能除掉巫蠱，便能延年益壽，可活百歲。」

漢武帝便命江充為使者，負責查辦巫蠱一案。他帶著幾個胡人巫師，四處掘地，尋找木頭人，並緝捕了很多用巫術害人的巫師。為了達到人贓俱獲，萬無一失，江充又命人事先在某地灑一些血，然後審訊那些巫師，並說那些有血污之處就是他們害人之地，並施以酷刑，強迫他們認罪。

太子劉據已經成年，風度翩翩，仁義忠厚，平日有人被冤入獄，他往往代為伸冤，深得眾心。直到江充得勢，有些藐視太子，因一次上書彈劾太子的家人，從此兩人結了仇。江充擔心有一天太子繼承皇位，會殺了他，於是決定先下手為強，將巫蠱嫁禍給太子。於是，江充又命巫師向漢武帝進言說：「陛下，雖然現在外面的巫蠱已蕩除完了，但宮中的巫蠱卻依然存在，這對您的危害最大，應該及早除掉。」漢武帝認為他說得很有道理，便命江充搜查後宮。江充勾結韓說、蘇文等爪牙，同時入宮搜查。江充先是裝模作樣地到其他人房間裡搜查，最後，才來到他真正的目的地 —— 皇后和太子的房中。

第六章　修身正己篇

經過一番「仔細」的搜查，江充從皇后和太子房中，發現了大量的木頭人。太子還有書寫的帛書，上面多是一些大逆不道的話。

太子聽說後，驚懼不已，慌忙召入太傅[182]石德，商議應對之策。石德沉吟一番，說道：「你大禍將要臨頭了！你難道忘了公孫賀父子和兩位公主是怎麼死的了嗎？今天江充暗中陷害，又收集到了證據，你又無法辯明，唯今之計，不如先下手為強，除掉江充等人。」

太子大驚道：「江充奉詔前來，況且我身為太子，怎能擅自誅殺大臣呢？不如我先去向父皇請罪，請他決斷。」石德阻止道：「陛下正在甘泉宮[183]中養病，無法理事，正是如此，江充等小人才敢如此妄為，殿下若不搶先動手，必會重蹈扶蘇的覆轍。」太子無奈，只好命人把江充等人抓了起來。太子怒不可遏地對江充說道：「你這個卑鄙無恥的小人，當初害死趙國國君父子，現在又來禍害我們父子，不殺你難解心頭之恨！」說著，命人將江充推出斬首。

為了徹底平息巫蠱之亂，太子決定調用皇家軍隊。然而，長安城的官員和百姓不知內情，紛紛傳言太子要造反。這時，蘇文也逃到漢武帝身邊，告發太子謀反。起初漢武帝

182　太傅，中國古代職官。起始於春秋時期的晉國，為國王的輔佐大臣與皇帝老師。

183　甘泉宮：遺址位於陝西省咸陽市淳化縣城北的甘泉山南麓。

說什麼也不相信，就派使者前去打探。可是，這個使者膽小如鼠，還未到長安就返回稟告漢武帝說：「太子謀反屬實，而且他還想殺掉微臣。」漢武帝大怒，當即派丞相劉屈氂出兵征討太子。

劉屈氂與太子的軍隊在長樂宮西門外相遇，雙方大戰五天，死傷數萬人。屍體堆積如山，血流滿了街邊的河溝，場面十分慘烈。太子兵力本來就不多，再加之無人援助，很快就被劉屈氂所敗。走投無路的太子在一間茅屋內自縊而亡。

後來，漢武帝終於得知了事情的真相，懊悔不已。於是，下令誅滅江充全族，並在宮中修建了一座宮殿，命名為「思子宮」，以寄託自己對兒子的思念。

【古今通鑑】

「巫蠱之禍」從開始到結束的四十多年中，牽扯進此案和被殺的宗室皇親、文武百官不計其數，造成大量的政治軍事人才流失，導致西漢國本動搖，日趨衰弱。當初漢武帝聽到太子謀反的傳言時，如果他能召見太子，讓其陳白事實，或許就能避免這場政治動亂，然而漢武帝卻偏聽偏信，致使父子刀劍相向。後來事情水落石出，但太子已罹難，漢武帝只能建宮思子，但又有什麼用呢？

第六章　修身正己篇

═ 畏四知楊震拒賄金 ═══════

　　楊震，字伯起，弘農華陰[184]人，東漢名臣。其父楊寶是
一位知識淵博的學者，淡泊名利，以讀書為樂。楊寶在楊震
年幼時就去世了，楊震與母親相依為命，雖家境貧寒，卻能
秉承父志，明經博覽，無不窮究，漸長之後，博通經籍，便
開館授徒，引以為樂。

　　楊震品行高貴，能自己做的事情從不願假手他人。授課
之餘，楊震親自開闢荒地，種植蔬菜，供養老母，門生要幫
他，他卻堅決不同意，將工具和菜苗藏匿，避免門生勞累。
楊震聲名鵲起，四方求學者絡繹不絕，楊震不分貧富貴賤、
聰明與否，只要勤學好問，來者一概不拒。

　　楊震坐館三十年，授徒三千，完全能與孔子相媲美，有
「關西孔子」之美譽。

　　五十歲那年，楊震走上仕途之路。他為官期間，公正廉
潔，不謀私利，政績卓著，因此屢次獲得升遷。

　　楊震擔任荊州刺史期間，發現王密頗有從政才能，而且
富有才學，便推薦王密擔任昌邑[185]知縣。數年之後，楊震調
任東萊[186]太守。上任途中在昌邑留宿，王密得知後，馬上安

184　弘農華陰：今陝西華陰東。
185　昌邑：今山東昌邑市。
186　東萊：地名，山東龍口市的古稱。

排房間，置辦酒席，為恩師接風洗塵。宴罷，王密又與楊震秉燭夜談，王密述說了為官期間的種種見聞和心得，楊震總是帶著慰勉的笑容傾聽。最後，王密見時候不早了，便準備起身告辭，突然從懷中取出黃金十斤，雙手呈上，說道：「恩師難得來此，我略備薄禮，以報答您的知遇之恩。」

楊震臉上的笑容頓時消失，厲聲喝斥道：「以前我了解你的為人，覺得你德才兼備，才向朝廷舉薦你為知縣，希望你能做一個造福一方的清官。你現在這麼做，真是辜負了我對你寄予的厚望。你對我最好的回報是為百姓謀福，為國家立功，而不是送我個人什麼東西！」王密聽了，壓低聲音說：「恩師請息怒，我是感謝您惜才用才的恩德，無以為報。現在夜深人靜，不會有人知道的，請恩師收下吧！」

楊震搖頭，說道：「你這是什麼話，天知、地知、我知、你知，共有四知，你怎麼能說沒人知道呢？現在雖然沒有別人，但你我的良心也沒了嗎？」一席話說得王密滿面羞愧，收起黃金，朝楊震深深一拜，然後悄然告辭，消失在沉沉的夜幕中。

楊震在民間的官聲很好，得到了百姓的愛戴。楊震不僅為官清廉，生活也十分節儉，對家人的要求也很嚴格，子孫們和普通百姓一樣，衣食住行都很簡樸。親朋好友都曾勸說他置辦一些產業，留給子孫，讓他們衣食無憂，楊震卻堅決

不同意，他說：「如果在我百年之後，人們能稱他們為「清白吏」子孫，這便是最好的財富，這比遺留財產要好得多！」

【古今通鑑】

　　楊震克己的工夫確實不是一般人能做到的。在幕夜無人的情況下，面對充滿誘惑的金子，他大可無所顧忌地收下，但是出於品德和良知，楊震斷然拒收王密的賄金，義正言辭地說了「天知、地知、我知、你知」這「四知」的千古名句，成為廉潔自律、不接受不義之財的典源，也成為後世有志之士效仿的典範。

＝ 石崇王愷京都鬥富 ＝

　　西元二八〇年，晉武帝司馬炎滅掉吳國，結束了三國時代，統一了全國。

　　天下既得統一，晉武帝覺得自己立功於後世，可以縱情享樂了，因此生活逐漸奢靡。在他的影響下，一些王公貴戚也爭相效仿，大肆收刮錢財，互相炫耀，發生了很多鬥富的故事，其中還是以石崇和王愷鬥富的故事最為出名。

　　石崇自幼聰慧絕倫，學東西很快，因此深得父母的喜歡。父親石苞臨終的時候，把家中財產分給了石崇的五個哥

哥，唯獨沒有石崇的份。他的母親深感不公，抱怨石苞不心疼石崇。石苞此時已是彌留之際，他雙眼昏花地看著石崇說道：「此兒雖小，但才智皆在五位哥哥之上，一切榮華富貴他都會自己爭取來的。」

知子莫如父，石崇長大後，果然憑藉自己才智和謀略，一路平步青雲，先是在修武縣[187]擔任縣令[188]。後來又參戰伐吳，立下大功，被任命為荊州刺史。石崇也著實大膽，擔任刺史期間，覺得收刮百姓得來的錢財不夠多，乾脆帶領手下喬裝成賊匪，專門搶劫一些商賈巨富，斂聚財寶無數，沒過幾年就成為巨富。

石崇調任回都後，花費千金在洛陽金谷修建了一座別館，這就是有名的「金谷園」。園中樓臺亭榭，假山流水，瓊樓玉宇，彼此相連，裝飾得富麗堂皇。他又四處收羅了幾百個能歌善舞的美姬，個個國色天香，美貌非凡，供他玩樂。

洛陽權貴巨富不在少數，但見石崇家中財寶堆積如山，盈屋充棟根本無法計算，相形之下，自己家中那點錢財真是不值一提，因此，沒人敢與他攀比。

當時，有個叫王愷的皇室貴戚，他正是晉武帝的親舅舅。此人也是一個貪圖榮華富貴的鼠輩。王愷因祖上世代為

187　修武縣：位於河南省西北部。
188　縣令：是中國古代縣級行政區劃的最高官員名稱。

第六章　修身正己篇

官，家中也斂聚了不少錢財，他對石崇的富有十分不服氣，一心想與石崇一較高下，分出到底誰更富有。石崇聽說後，也看不起王愷自恃皇親國戚，也想滅滅他的威風。於是兩人便開始暗中鬥富。

王愷吩咐下人，以後一律用糖水洗鍋。石崇很快得知，命令廚師以後用蠟燭當柴燒。此事很快就傳遍了大街小巷，人們都說還是石崇富有。

第一回合下來，王愷沒壓倒石崇，豈能善罷甘休？他又命人用細紗製成四十里長的屏障。石崇馬上命人用綢緞製成五十里長的屏障。結果，石崇更勝一籌，王愷兩次皆輸，更覺臉上無光。後來，他又用香椒塗牆，石崇得知後，立刻用石脂刷壁。香椒雖貴，但石脂卻比香椒更為名貴。理所當然，王愷這一回又輸了。

王愷屢鬥屢輸，已是黔驢技窮，再也想不到什麼辦法壓倒石崇，卻又氣不過，便入宮向外甥晉武帝哭訴，說了一些石崇的壞話。晉武帝對兩人鬥富之事早有耳聞，為了替國舅爺挽回顏面，晉武帝笑道：「想要鬥敗石崇也不難，我這裡有一件寶物，肯定是石崇沒有的，你拿去給他看，他一定輸得心服口服。」說著，令內侍取出一個盒子，打開一看，竟然是一株世上少有的珊瑚樹！只見這株樹足有二尺多高，晶瑩剔透，色澤光豔，王愷自長這麼大，還沒見過如此珍貴的寶

物呢！便令侍從抬著珊瑚樹去了石崇家。

一見石崇，王愷便拱手笑道：「聽聞石公家財萬貫，富如山海，老夫也是自愧不如。老夫今日偶得一件寶物，還望石公評點一番。」說著一擺手，隨從立刻把珊瑚樹擺在了桌子上。王愷暗想：我看你小子還能拿出什麼寶物。眯著眼睛得意洋洋地看著石崇。只見石崇只是微微瞥了一眼桌子上的珊瑚樹，順手拿起一柄鐵如意朝著珊瑚樹砸去，只聽「哐啷」一聲，珊瑚樹便成了一堆碎片。

王愷愣了半天才醒悟過來，上前揪住石崇的衣領，怒喝道：「你是嫉妒我有寶物，怕比不贏我，才用如此卑劣的手段，是不是？」石崇突然哈哈大笑道：「區區薄物，何足掛齒？我打碎你的寶物，理應賠你一個。」說著，令僕人抬出十餘株珊瑚樹，每株高約三尺，光彩奪目，燦爛無比，無論哪一株，都要勝過王愷的那一株。

這下，王愷無話可說，連石崇賠他的珊瑚樹都不要了，帶著侍從灰溜溜地回府去了。

【古今通鑑】

石崇透過巧取豪奪，累積了大量的財富，但他為富不仁，又不懂克制自己，大張旗鼓地與皇室宗親王愷鬥富。結果，石崇壓了王愷一頭，取得了鬥富的勝利。從

此，石崇富可敵國的威名天下皆知，很多人開始覬覦他的財富了。在晉惠帝繼位後的一場宮廷政變中，趙王司馬倫借機殺了石崇，奪了他全部的財產。

═ 劉義隆疑心殺功臣 ═

　　檀道濟是南北朝劉宋朝的將軍，他足智多謀，善於用兵，是劉裕建立宋朝的功臣之一。

　　劉裕駕崩後，立下遺詔命檀道濟、徐羨之等四人為顧命大臣，共同輔佐少帝劉義符。然而一生精明的劉裕卻也有看走眼的時候，劉義符好吃貪玩，爛泥扶不上牆，不論檀道濟怎麼勸說，劉義符依舊我行我素，不理朝政。檀道濟是個忠臣，他見劉義符如此不上進，擔心先帝劉裕辛辛苦苦打下來的江山就此斷送在他手上。於是便和眾臣商議後，廢除劉義符，擁立劉義隆為帝。劉義隆就是宋文帝。

　　宋文帝元嘉七年（西元四三〇年），宋文帝命檀道濟出兵征討北魏。當時，魏國也出兵征討別的國家，魏軍主力不在，檀道濟剛到前線，就與魏軍遭遇，雙方剛一交戰，魏軍就撤陣潰逃，檀道濟乘勝追擊，一直追到歷城[189]，一路攻占城池數座。

189　歷城：今山東濟南。

正當檀道濟沉浸在勝利的喜悅中，魏軍主力殺回，兩軍在二十多天的時間裡大戰三十餘次，傷亡慘重。宋軍攻占的城池也被魏軍奪回。

一次，魏軍又來挑戰，檀道濟擺陣迎敵，雙方又開始大戰。戰不多時，魏軍突然鳴金收兵，檀道濟殺得性起，哪裡肯放過，正欲拍馬舞刀去追，卻發現後方屯糧之地狼煙滾滾，火光沖天，一隊魏軍輕騎正絕塵而去。檀道濟方才醒悟：魏軍正面與自己交鋒，吸引宋軍的主力，暗中派出騎兵燒了宋軍的糧食。軍中不可一日無糧，檀道濟無法維持，只能退兵。見宋軍撤退，魏軍馬上追擊。途中，宋軍有不少士兵逃跑，投奔魏軍，告知宋軍糧草所剩無幾。

檀道濟雖命軍隊全速撤退，卻始終甩不掉魏軍，久經沙場的檀道濟情知一味逃跑終究不是辦法，危機之中，他卻鎮定下來了，想到一條妙計，當下命令將士就地紮營休息。

當晚，檀道濟故意命人放鬆警戒，多點火把，自己帶著士兵查點糧食。一些士兵邊用斗量糧食，一邊高聲計數。其實，檀道濟軍中早無餘糧，士兵量的全是沙土，等把口袋裝滿後，再用軍中最後一點大米覆蓋住沙土。魏軍探子雖然離得遠，但宋軍軍營燈火通明，他看得格外真切，一個個袋裡全都是白花花的大米，堆積如山。探子馬上回營稟告魏將。

魏將深知檀道濟詭計多端，自知不是對手，再聽探子的

情報，深信投降的宋兵是來迷惑他的，遂下令全部斬首。檀道濟一夜無眠，暗中囑咐將士們多加小心，以防魏軍劫營。但直到天明，不見一個魏兵，心知魏軍中計，便更加膽大起來，命將士穿好鎧甲，自己身著白衣，頭戴葛巾[190]，乘馬車領軍徐徐前行。魏將遠遠看見宋軍撤退井然有序，不見絲毫慌亂，更加心疑前方必有伏兵，一直不敢追擊。檀道濟得以全身而退。魏將後來才知中了檀道濟的計，懊悔的同時，知道宋國有如此將才，不敢隨意冒犯。

檀道濟的功勞和威望招來一些佞臣的嫉妒，紛紛向宋文帝進讒言。宋文帝心計陰沉，而且心眼極小，擔心將來不好控制檀道濟，遂起了殺心。

不久，宋文帝身患重病，久治不愈，他開始擔憂自己死了之後，檀道濟擅兵作亂，篡位自立，便令彭城王[191]劉義康草擬詔書，召檀道濟入朝，準備誅殺，永除後患。檀道濟的妻子聰明賢慧，得知宋文帝要讓檀道濟入朝，不禁擔憂萬分，對檀道濟說：「你功高蓋主，又不諳為官之道，必然會招來朝中小人的猜忌。現在，朝中並無大事，卻讓你回朝，恐怕凶多吉少，還是小心為妙。」檀道濟卻說：「我心懷坦蕩，一心為國，皇上定能體察我的忠心，不會加害我的。」次日，便啟程入朝。

190　葛巾：古代頭巾的名稱。
191　彭城王：中國古代王爵的封號之一。

等檀道濟入朝後，宋文帝的病卻開始好轉起來，宋文帝在龍床上召見了檀道濟，並把他留在朝中好幾個月。後來宋文帝病體好轉，覺得只要自己活著就能駕馭檀道濟，遂讓他返回駐地。然而，檀道濟剛走沒多久，宋文帝病情突然加重，劉義康忙追上檀道濟，假傳宋文帝旨意將他召了回去，並將他打入牢中。不久，劉義康就以謀反的罪名殺了檀道濟，殃及他的兒子和部下。

行刑前，檀道濟怒睜雙眼，仰天長嘆道：「你們這是自毀長城啊！」

北魏人武帝拓跋燾聽說檀道濟已死，宴請諸將彈冠相慶道：「檀道濟一死，宋國再無能帶兵之人，我等何懼之有？」不久魏國起兵南下侵犯，一直打到江北的瓜步[192]。宋文帝這才知道錯殺了檀道濟，不由嘆道：「檀道濟若在，胡人豈能至此！」

【古今通鑑】

不論做任何事情，都應該考慮到事情的結果，然後再動手去做。若是為了眼前一己私利，看不清真實情況，如同宋文帝誅殺檀道濟一樣，直到強敵來犯，無人抵擋之時，才明白自己親手斷了左膀右臂，但後悔已無用。

192　瓜步：今江蘇六合。

＝劉子業殘暴受誅戮 ＝

西元四六四年，南朝宋孝武帝劉駿病體沉重，不久便駕崩了，太子劉子業繼位，年僅十六歲。

正式登基那天，等祭祀先帝的儀式結束後，吏部尚書[193]蔡興宗便親自捧著傳國玉璽，交給劉子業，劉子業伸出一隻手來接，臉上透著掩蓋不住的興奮，一點也沒有因為孝武帝的離世而感到悲傷。登基儀式結束後，蔡興宗暗中對人感嘆道：「春秋時期，魯昭公繼位的時候，同樣沒為先帝的去世感到傷心，大夫叔孫穆子就知道魯昭公絕不是賢明的君主，不會有什麼好結果的。如今，劉子業繼位，不因先帝去世而傷心，恐怕他會為劉宋王朝帶來災難啊。」

劉子業從小過著錦衣玉食的生活，又貴為太子，恩寵無比，因此，脾氣十分暴躁，他剛繼位時，就下令廢除孝武帝生前設立的所有規章制度。起初，劉子業在太后和大臣戴法興的管束下，不敢太過放縱。後來，太后病重，想見見劉子業，便派人去找他。沒想到，劉子業卻說：「病人房中陰氣重，說不定還有鬼魂，我可不去。」太后大怒，對侍候她的宮女說：「去拿把刀來，我要剖開我肚子看看，我怎麼會生出這樣豬狗不如的東西。」沒過多久，太后便便帶著無限擔憂和怨恨去世了。

193　吏部尚書：中國古代官名，六部中吏部的最高級長官。

　　太后一死，劉子業再也沒有人管束，更加肆無忌憚。劉子業身邊有個小太監叫華願兒，此人心思靈動，長得眉清目秀，十分討劉子業的歡心，常常賞他很多金銀珠寶。戴法興為了節省朝廷開支，常常勸阻劉子業，華願兒從此被斷了財路，非常痛恨戴法興。

　　一次，劉子業讓華願兒出宮走訪民間，探聽百姓是如何議論朝政的。華願兒領命而去，不久，便回宮向劉子業覆命道：「百姓們都說皇宮裡有兩個皇帝，戴法興獨攬朝政，是真皇帝，而您的權力被架空，是假皇帝。戴法興在朝中的勢力根深蒂固，又和劉義恭、顏師伯、柳元景勾結在一起，朝中大臣都很懼怕他們，我擔心戴法興將來會取代您自立為帝。」劉子業勃然大怒，馬上下詔免去戴法興的官職，將其流放到很遠的地方。後來，劉子業還覺得不夠解恨，又命戴法興自殺。

　　當初，孝武帝在位時，因喜歡猜忌大臣，所以朝中大臣做事和說話都格外謹慎小心，互相之間不敢來往，以免被孝武帝抓住把柄，招致災禍。孝武帝駕崩後，大家終於可以鬆一口氣了，相互慶賀道：「現在再也不用擔驚受怕了。」戴法興被迫自殺後，朝中大臣又回到了過去人心惶惶、時刻擔心被殺的日子。柳元景暗中和顏師伯、劉義恭策劃，想廢掉劉子業，擁立劉義恭為帝，但他們一直在猶豫，沒有實際行

第六章　修身正己篇

動。後來，柳元景又把密謀之事告訴了沈慶之，沒想到，沈慶之因平時和劉義恭、顏師伯關係不和，因此立刻覲見劉子業，把柳元景等人的預謀告訴了他。

劉子業當即調兵遣將，親率御林軍討伐劉義恭。不僅殺了劉義恭，還殺了他四個兒子，又把劉義恭的屍體大卸八塊，將他的腸胃挑了出來，眼睛也挖了出來，泡在蜜糖裡，還命名為「鬼目粽」。同時，劉子業又派使者去柳元景家中宣他入宮覲見，並派大批御林軍跟隨。柳元景得知後，深知東窗事發，大禍將要來臨，便和家人辭別，然後鎮定自若地穿好朝服，跟著使者走了。

柳元景的弟弟柳叔仁身披戰甲，手持寶劍，帶兵趕到，打算拒詔起兵反抗朝廷。柳元景卻大聲喝退了弟弟，然後大義凜然走出府門。這時，行刑的士兵也到了，柳元景一臉從容，接受斬首。隨後，柳元景的六個弟弟、八個兒子以及他的姪子都被誅殺。顏師伯和他的六個兒子也被劉子業下令處死。除此之外，劉子業又下令殺了廷尉[194]劉德願。改年號為景和，餘下的官員全部都提升二級。

此後，劉子業認為心腹大患已除盡，高枕無憂，變得更加昏庸殘暴，常常毆打侮辱公卿以下的官員，為國家帶來了深重的災難。也正如吏部尚書蔡興宗所預料的一樣，劉子業

194　廷尉：官名，秦置，為九卿之一。掌刑獄。

的暴行惹得天怒人怨，最後被叔父劉彧廢黜並殺死，史稱
「前廢帝」。

【古今通鑑】

　　劉子業登帝位不到一年，便在一場宮廷政變中被
殺，但他的荒淫殘暴罄竹難書，在中國歷史上，他也是
一位十分罕見的殘暴昏君之一。在險惡的政治環境中，
那些皇帝會時刻感到如履薄冰，因為他們知道，凡是
最高權力的擁有者，往往無法善終，走向悲慘結局。因
此，在這種巨大壓力下，他們礙於情面不願和別人傾
訴，所以借殘暴來掩飾恐懼，用放縱來釋放壓力，結果
加速了王朝的滅亡。

第六章　修身正己篇

第七章　雄韜偉略篇

＝孫策定江東創基業 ＝＝＝＝＝＝＝

孫策是孫堅的長子，孫堅有四個兒子，即孫策、孫權、孫翊、孫匡，此外還有一個女兒。東漢末年，戰亂不斷，作為一方軍閥的孫堅，長年在外征戰，把家眷留在壽春[195]。孫策十幾歲的時候，就喜歡廣交朋友，頗負盛名。

舒縣[196]人周瑜聽聞孫策少年英達，胸有大志，專程到壽春拜訪。周、孫二人同齡，而且志氣相投，因而兩人一見如故，結成好友。周瑜為了交往方便，邀請孫策遷居舒縣，孫策答應了。周瑜還讓出一座大宅，供孫策居住。

孫策十七歲那年，就考慮如何立功名於世，不料凶信傳來，孫堅兵敗身亡。孫策悲慟異常，與母親吳氏，將孫堅的棺木迎回壽春安葬。安葬完父親後，孫策橫渡長江，居於江都[197]，結交英雄豪傑，待羽翼豐滿，為父報仇。

孫堅本是軍閥袁紹的部下，孫堅一死，孫策便投靠袁紹。袁紹見孫策英姿豪爽，器宇不凡，十分喜歡，曾與人誇讚孫策道：「我若有子如孫策，死而無憾！」話雖如此，但袁紹氣量小，不敢重用孫策。

一次，孫策軍中的一名騎兵犯罪私逃，奔入袁紹營中，

195　壽春：今安徽壽縣。
196　舒縣：今安徽廬江縣。
197　江都：今江蘇揚州。

藏匿在馬廄裡。孫策得知後，當即率兵追捕，直入袁紹營中，將罪犯搜出，當場斬首。事後，孫策才向袁紹謝罪。袁紹暗恨孫策目無自己，竟敢在自己的營中隨便殺人，口中卻道：「我和你同樣痛恨叛逃的兵卒，你何必向我道歉呢？」此後，軍中將士都知道孫策的膽魄，不敢輕視，但是，袁紹卻更不敢重用他了。

　　袁紹為人反覆無常，不守信用。起初，袁紹許諾孫策為九江[198]太守，後來九江太守出缺，袁紹卻沒讓孫策接任，而是改用丹陽[199]人陳紀。孫策對袁紹深感失望，甚至有些憤恨。

　　朱治曾是孫堅手下的校尉，他發現袁紹對下屬過於刻薄寡恩，便建議孫策返回故鄉，占據江東。當時，孫策的舅父吳景在丹陽擔任太守，被揚州刺史劉繇（ㄧㄠˊ）逼走。孫策便趁機對袁紹說：「先父對江東父老有恩，我願意帶兵征討橫江。等橫江攻克之後，我可以在當地招募士卒，能得三萬人。那時，我再帶領他們來幫助您平定天下。」袁紹與劉繇有衝突，所以爽快地答應了他的請求。次日，孫策便率領孫堅的舊部及數百門客東進。

　　一路上，不斷有人來投，孫策的部隊不斷壯大，等到了歷陽[200]時，已經有五六千人了。當時，周瑜的叔父周尚為丹

198　九江：今江西九江市。
199　丹陽：今江蘇省丹陽市。
200　歷陽：今安徽和縣。

陽太守。周瑜便率兵前來接應孫策，並給了他不少人馬和糧食。孫策大喜，對周瑜說：「有你的支持，大事可成矣！」孫策遂進攻橫江、利口，並一舉攻克。

　　緊接著，孫策渡過長江，一路勢如破竹，所向披靡，無人能敵。劉繇率兵與他交戰，一觸即潰，劉繇大敗，逃往丹徒[201]，孫策便入據曲阿[202]。

　　百姓們聽說孫策兵到，都嚇得失魂落魄，竄伏於草莽之中躲藏，地方官員也棄城而逃，躲在深山中。後來人們發現，孫策的軍隊所到之處，將士們嚴守軍紀，安撫百姓，秋毫無犯。百姓大喜，爭相送來酒肉，慰勞軍隊。孫策又貼出布告：凡是劉繇的鄉人和部下來降，一概不追究罪責。百姓如果有願意從軍者，免除全家賦稅徭役；如果不願意從軍，也絕不勉強。布告貼出沒幾日，就有很多人前來應募，很快，孫策便招得兵卒兩萬餘人。

　　沒多久，劉繇又放棄丹徒西逃，孫策遂東進奪回了丹陽，又攻下吳郡[203]和會稽郡。就這樣，江東六個郡的土地，都被孫策收入囊中。

　　占據江東後，孫策雄心勃勃，想要繼續向北發展勢力。正當他積極訓練兵馬，徵調糧食的時候，卻發生了一件意外

201　丹徒：江蘇省西南部。
202　曲阿：今江蘇省丹陽縣。
203　吳郡：中國古郡名。治所在今江蘇省蘇州市市區。

的事情。原來，孫策在攻打吳郡的時候，殺了那裡的太守許貢。許貢的門客和家奴逃走，藏身在民間，伺機為主人報仇。他們得知孫策很喜歡打獵，便探聽到孫策打獵的時間和地點。一次，孫策像往常一樣，外出打獵，他們埋伏在樹林中，朝孫策暗放冷箭，孫策中箭而死。

一代霸王就這樣從歷史舞臺上隕落了，孫策死的時候年僅二十六歲。他雖英年早逝，但他招攬了大量的賢才，為日後孫權建立東吳奠定了堅實的基礎。

【古今通鑑】

孫策是三國時期第一英雄，他在世的時候，就連曹操都深為忌憚，不敢輕易過江東。曹操和劉備在眾多謀臣和武將的鼎力相助下，爭鬥數十年才成三鼎之一，相比之下，孫策在沒有那麼多的人才的情況下，用了不過五六年的時間，就占據整個江東，為其弟孫權奠定了與曹操、劉備相抗衡的基業，可見孫策的雄才大略確不容小覷。奈何天妒英才，還未等孫策一展抱負便飲恨而亡，實在叫人可惜！

第七章 雄韜偉略篇

═ 劃鴻溝分楚河漢界 ═══════════

漢高祖四年（西元前二〇三年）秋天，項羽領兵東進開封、商丘[204]，命曹咎留守成皋[205]。臨行前，項羽再三叮囑道：「將軍守住成皋，遏制住劉邦，使他無法東進，便是立了大功。請將軍謹記我言，固守城池即可，萬萬不可和漢軍交鋒。」

項羽率兵剛走，漢軍便收到情報，多次派人到城下叫陣，一連數日，曹咎遵照項羽的囑咐，死守不戰。劉邦得知後，與張良、陳平等謀士，商就一計，派兵再到城下，百般辱罵，句句不堪入耳。曹咎性情火爆，如何能受得了這般羞辱，當即率眾出成，欲渡汜水與漢軍決一死戰。哪知才渡一半，埋伏在左右兩岸的漢軍，搖旗吶喊，如潮水般湧來。楚軍一半在水中，一半留在岸邊，眼見漢軍殺到，弓弩齊射，箭如雨發，水中的楚軍被射死、淹死的不計其數。曹咎慌忙登岸，欲整合岸上的楚軍反攻，卻又被漢軍團團圍住，左衝右突，始終無法殺出包圍，眼見岸上的楚軍被殺得潰不成軍，四處奔逃，情知大勢已去，深感無顏見項羽，遂拔刀自刎而亡。劉邦攻下成皋後，又屯兵廣武[206]，取敖倉[207]之糧而用。

---

204 商丘：位於河南省東部。
205 成皋：河南滎陽市西北汜水鎮。
206 廣武：位於河南滎陽市東北。
207 敖倉：古代重要糧倉。秦設置。在今河南滎陽東北敖山。

項羽聞聽成皋失守，急忙引兵圍攻廣武，叫陣謾罵，欲與漢軍決戰，劉邦只是閉城不出。項羽眼看軍中糧食越來越少，無法久戰。為了迫使劉邦投降，項羽想出一計，把俘獲的劉邦父親押到兩軍陣前，要脅劉邦道：「你若再不投降，我便用鼎煮了你的父親！」

劉邦心中雖恨，表面卻故作鎮靜，說道：「當初，你我二人起兵共同反秦，曾經約為兄弟，我的父親就是你的父親。如果你一定要煮了我們的父親，請分我一杯羹！」項羽聽聞此言，氣得七竅生煙，當即命令左右，將劉太公用鼎烹煮。這時，項羽的叔父項伯勸阻道：「將軍，現在誰能奪取天下，我們無法預料，更何況爭取天下之人都不會顧及到家人的安危，現在就算殺了劉太公，不僅毫無作用，而且對楚軍也不利。」項羽這才作罷，命人將劉太公帶了回去。

項羽又對劉邦說：「如今天下大亂，已有數年，無非是為了你我二人，相持不下。我願與你大戰數合，一決雌雄，我若失敗，馬上退兵，不必勞苦父老。」

劉邦笑道：「我只願和你鬥智，不願和你鬥武。」項羽派三員大將出營挑戰。劉邦手下有個樓煩族的神射手，百發百中，從未失手，劉邦派他放箭。只聽「颼颼」三聲，楚軍三員大將應聲落馬，倒地而亡。項羽勃然大怒，親自披甲持戟，一躍上馬，疾馳出營，怒喝一聲，聲音響徹山谷，好似

第七章　雄韜偉略篇

晴空霹靂一般，嚇得樓煩射手後退數步，雙手發顫，已無法再射，踉蹌跑回大營。劉邦見他神色慌張，幾乎無法說話，派人探察，才知道是項羽。

劉邦雖驚駭項羽的神勇，但不願示弱，率部與項羽在廣武澗[208]隔澗相見。項羽手持戰戟指著劉邦道：「你敢與我獨鬥嗎？」劉邦置之不理，宣布項羽的十大罪狀：「第一，你負前約，沒讓我稱王天下，而是稱王蜀漢；第二，目無主上，殺上將軍宋義，取而代之；第三，援助趙國之後，不回去覆命，強迫諸侯入關；第四，火燒阿房宮，挖掘秦始皇的墳墓，中飽私囊；第五，秦王子嬰本已投降，你卻把他殺死；第六，殘暴不仁，坑殺秦國降軍二十萬；第七，把好的土地分給自己的將領，卻把各國故主趕到邊陲；第八，將義帝趕出彭城，並在此定都，又貪得無厭吞併韓國、楚國、魏國；第九，暗中行弒義帝；第十，對人不公平，做事不講信用。我劉邦帶著仁義之師，聯合諸侯，前來誅殺你這個亂臣賊子，你不配與我單打獨鬥！」

項羽怒極，也不回話，暗中引弓搭箭，一箭射中了劉邦的胸口。劉邦差點栽落馬下，幸虧旁列將士及時上前救護，劉邦暗想項羽若是知道射中我的胸口，必然會引兵來殺，於是他摸著腳說：「該死的項羽，射中了我的腳趾頭！」

208　廣武澗：古運河鴻溝經廣武山連接黃河的一段。

劉邦因受傷嚴重，臥床不起，軍心動搖，張良堅持讓他勉強出營，撫慰將士，以免項羽乘勝進攻。劉邦巡視回來後，傷勢愈發嚴重，疼痛難當，只好返回成皋大營養傷。

不久，便有信使前來稟告劉邦，說韓信已攻下齊國，並用水淹的計策打敗了項羽派去援助齊國的龍且。而楚軍補給困難，兵源缺乏，危機四伏，難以和漢軍對抗。

劉邦提出要求，讓項羽放了劉太公。項羽借機和劉邦講和，雙方約定以鴻溝[209]為界，將天下一分為二，鴻溝以西的地方歸劉邦，鴻溝以東的地方歸項羽。這就是歷史上著名的「楚漢相爭，鴻溝為界」的故事。

【古今通鑑】

當初項羽進入關中後，兵強馬壯，幾乎無人是其對手。這時有人建議他說，關中易守難攻，且土地肥沃，物產豐富，可長期在此駐守，足可以成就帝王霸業。但項羽剛愎自用，認為「富貴不歸故鄉，如衣繡夜行，誰知之者！」那個提建議給項羽的人，得知項羽有意回故鄉，私下說項羽目光短淺，結果被項羽用鼎烹煮了。

而劉邦面對各種意見和批評能做到從善如流，禮賢下士，因此很多有才能之人，慕名前來投奔，為劉邦出

209　鴻溝：今河南滎陽中牟、開封一帶。

謀劃策，奪取天下。所以，楚河漢界之爭，最後泗水亭長戰勝了英雄項羽，絕非偶然，而是在對待各種意見的程度上決定了他們的命運。

班超智勇經營西域

自從西漢張騫出使西域[210]，開通了絲綢之路後，西域各國與西漢王朝一直保持著良好的關係。

然而，到了西漢末年，階級衝突日趨激化，外戚王莽趁勢代漢建新王朝，開始推行新政，史稱「王莽改制」。但王莽的一系列改制，非但沒能挽救當時社會的種種危機，反而進一步激化了各種衝突，終於爆發了以赤眉綠林為主的農民大起義，新朝很快就滅亡了。

乘著中原大亂，北方匈奴迅速崛起，不斷吞併西域各個小國，並且切斷了絲綢之路。而此時，東漢已建立，匈奴不斷侵犯東漢河西[211]諸郡，邊境百姓苦不堪言。漢明帝永平十六年（西元七十三年），奉車都尉[212]竇固率兵征討匈奴，假司馬[213]班超隨軍北征，屢建奇功。

210　西域：狹義上是指玉門關、陽關以西，蔥嶺即今帕米爾高原以東，巴爾喀什湖東、南及新疆廣大地區。而廣義的西域則是指凡是透過狹義西域所能到達的地區，包括亞洲中、西部，印度半島的地區等。

211　河西：泛指黃河以西之地。

212　奉車都尉：古代官名。

213　假司馬：官名。漢官名凡加「假」者，均副貳之意。假司馬即司馬的副貳。

班超，字仲升，扶風安陵[214]人。史學家班彪之子，《漢書》的作者班固之弟，他的妹妹班昭也是有名的歷史學家。班超自幼聰慧無比，九歲即能屬文，長大後，學富五車，九流百家皆所詳悉。

透過與匈奴的戰爭，班超顯示出了非凡的軍事才能，得到了竇固的賞識，竇固便上奏漢明帝劉莊，班超和從事郭恂一同出使西域，重新與西域建立連繫，漢明帝准奏。

班超與郭恂等人到達鄯善國[215]時，鄯善王殷勤款待，禮數十分周到，但過了幾日，態度卻變得冷淡疏遠了。班超暗中問部下道：「你們可覺察到鄯善王的態度變冷淡了嗎？」部下們都說：「胡人性情變化無常，鄯善王有此變化也屬正常。」班超道：「恐怕事情沒有那麼簡單。這一定是北匈奴派使者前來，鄯善王受到匈奴的脅迫，猶豫不決，不知該投靠那邊。明眼人在事情還未發生之前就能看出端倪，更何況事情已顯著地暴露出來了呢？」話尤未落，恰好鄯善王遣侍者送來酒食，班超佯裝已知實情，故意問道：「匈奴使者已來數日，今在何處？」侍者大吃一驚，以為班超早知此事，只好如實相告道：「匈奴使者已來三日，住地離此三十里。」

班超將侍者關了起來，召集所有部下共三十六人，聚宴飲酒。酒至半酣，班超故意激怒眾人道：「我等遠離故鄉，來

214　扶風安陵：今陝西咸陽東北。
215　鄯善國：西域古國之一，國都扞泥城（今新疆若羌附近）。

第七章　雄韜偉略篇

此荒蠻之地，本欲建功報國，同求富貴。當下匈奴使者才來數日，鄯善王就冷淡我等，倘若對方先發制人，將我等拘拿交給匈奴，我等骸骨必會成為豺狼口中的食物。」部下聽聞此言，齊聲說道：「事已至此，我等願意聽從司馬的調遣！」

班超見眾人態度一致，慨然道：「不入虎穴，焉得虎子？當今之計，惟有趁夜用火攻擊匈奴使者，對方定不明我方有多少人馬，必然惶恐，我等若能殺了匈奴使者，鄯善王自會膽怯，不敢不歸順漢朝。大事成敗，在此一舉！」

當晚，班超率領三十六人奔襲匈奴使者的營地。班超令十人手持軍鼓，潛伏於軍帳後面，又命餘眾手持弓箭長矛，埋伏在營帳兩側。當晚，恰遇狂風大作，班超等人順風縱火，前後同時鳴鼓吶喊，彷彿大隊人馬衝殺而來。匈奴使從睡夢中驚醒，驚駭之極，四下奔散逃命。班超接連砍翻三個匈奴人，下屬官兵擊殺匈奴隨從三十餘人，餘下百十匈奴，皆被燒死。

天明時，班超才提著匈奴使者的首級返回，把事情的經過告知郭恂，郭恂聞聽後，大驚失色，繼而神色一變，自顧沉吟。班超立刻就明白他在想什麼，舉手道：「從事雖未參與行動，可班超怎敢獨攬全功？這功勞也有您一份。」郭恂聽了，喜不自勝，面有歡顏。

班超又請來鄯善王，讓他看匈奴使者的首級，鄯善王容

顏大變，半天不語。班超說道：「從今往後，請與匈奴族斷交，與漢朝重修舊好。」鄯善王忙伏地叩頭，說道：「我願一心一意臣屬漢朝，永遠不會有異心。」

同年，班超又率部眾前往于闐國[216]。于闐國是一個比較強大的國家，但一直受到匈奴人的控制。所以，班超到了于闐國的時候，于闐王廣德接待班超的態度十分冷淡。于闐國有信奉巫師的習俗，匈奴使者便買通巫師，恐嚇闐王道：「國王要歸順漢朝，已經惹怒了神靈，漢使騎的那匹馬十分名貴，快要來作為祭品，以平息神的怒氣。」廣德便派人向班超索要馬。班超暗中得知底細後，十分爽快地答應了送馬祭神，但要求巫師親自來取馬。等巫師前來牽馬時，班超突然拔刀殺了巫師，並把巫師首級送給廣德。廣德早就耳聞班超在鄯善國斬殺匈奴使者的事，大為驚駭，便殺了匈奴使者，主動歸順漢朝。

第二年，班超又到了疏勒[217]，當時疏勒國王王兜題是龜茲人，是由匈奴人擁立的，引起了疏勒人的強烈不滿。班超到了以後，廢黜王兜題，另立原來疏勒王的兒子為王。還幫助疏勒人成功擊退了龜茲族的進攻。因此，西域很多國家紛紛前來歸順漢朝。班超的一系列活動，重新開通了關閉了五十多年的「絲綢之路」，西域與漢朝重新恢復交往。

216　于闐（ㄊㄧㄢˊ）國：古代西域王國。
217　疏勒：今新疆疏勒。

第七章　雄韜偉略篇

西元一〇二年八月，年過半百的班超回到漢朝。京師洛陽轟動，百姓們爭相目睹班超的風采。皇帝高度讚揚了班超的成就，又幫他升了官。同年九月，班超去世。

【古今通鑑】

> 班超經營西域三十二年中，正確執行漢朝「斷匈奴右臂」的政策，先後平定莎車等國的叛亂，擊退了大月氏王朝的進攻，又分化、瓦解匈奴勢力，使其不敢南下。不僅維護了祖國的安全，而且使西域與內地連成一體，為中華民族的基業做出了不可磨滅的貢獻。

＝ 魏太武帝震怒滅佛 ＝

北魏是南北朝時期北朝第一個朝代，由鮮卑族拓跋珪建立，太武帝拓跋燾是北魏第三任皇帝。

西元二四二年，道士寇謙之來到北魏都城平城[218] 宣揚道法，並把道家經典之書獻給太武帝。剛開始，不只太武帝不看重道教，就連文武百官也極力抵制道教。唯有司徒[219] 崔浩極為推崇道教，對寇謙之也是禮讓有加。崔浩三朝元老，立下許多功勞，太武帝也十分倚重崔浩，拿不定主意的事情總

218　平城：今山西省大同市。
219　司徒：古代官名。掌管教化民眾和行政事務。

會和崔浩商議。崔浩向太武帝進諫道：「道書之所以能來北魏，是因為北魏有賢明的君主，所以這也是上天的意思，您切不可錯過這次機會。」

聽崔浩一番話後，太武帝深以為然，便開始接納並信奉道教，又尊奉寇謙之為天師，後來太武帝更覺得道教奧妙無窮，於是把年號也改成了「太平真君」。崔浩極其推崇道教，卻十分厭惡佛教，現在見太武帝開始信奉道教，便經常在他面前進言，說：「佛教教義言過其實，給人一種虛幻的感覺，全是騙人的。如今，我們每年要修建大量的寺宇，供奉佛祖，如此勞民傷財之舉，應該早日廢除。」太武帝認為佛教基本的教義還是與人為善的，沒有必要排斥它，所以對崔浩的話也就沒放在心上。

西元四四六年，吳蓋在杏城[220]起兵造反，太武帝率軍征討到了長安。一天，太武帝見一座寺院規模宏大，香客絡繹不絕，便帶著侍從去參觀寺院。寺院的和尚見君王親臨，感到萬分榮幸，馬上打掃禪房，備好酒肉，盛情招待太武帝和他的侍從。

席間，一位侍從有些醉意，便起身離座，到外面隨意走走。不料，他無意間發現一間禪房中堆滿了各式各樣的兵器，頓時驚出一身冷汗，酒意全無，立刻回去向太武帝稟

220　杏城：今陝西省黃陵西南。

報。太武帝聽了，勃然大怒，說道：「這些東西不是和尚所用的，他們一定是想回應吳蓋謀反的。」當即下命殺了寺院所有的和尚。

殺了和尚後，太武帝讓人清點寺院的財產，登記造冊，充為公用。然而，那些侍從在清查財產的過程中，卻意外地發現寺院有大量的釀酒工具，以及當地官員和富豪寄存在這裡很多的財寶。更讓人沒想到的是，和尚還挖了一個密室，用於藏匿婦女！

崔浩聽說此事後，立刻進言，勸說太武帝要把天下所有的和尚斬盡殺絕，燒毀佛經，毀掉寺院。太武帝原來還沒有這種打算，現在經歷此事後，太武帝便十分痛快地接納了崔浩的意見。寇謙之覺得這樣做未免過於殘暴，極力勸阻崔浩，但崔浩早有誅滅和尚的意思，現在有此機會，他如何能放過？於是先殺光了長安城裡所有的和尚，毀掉了關於佛教所有的東西，並通告全國，都要按誅殺長安城的和尚辦法執行。

太武帝又下詔書給全國各地說：「從前，後漢荒淫無道的昏君，對那些虛無邪惡的東西敬若神明，結果擾亂了世道人心。自古以來，在九州之內還未發生過如此荒誕之事。那些聞所未聞的大話，根本不符合人之常情，卻往往在國家處於危難之中，欺騙民眾，禍亂人心。我如今就要聽奉天命，盡

力剷除偽善，保留最真實的東西，讓社會恢復伏羲、神農時期的和諧、安定。關於佛教所有的東西都要消除乾淨，不留一點痕跡。從今以後，誰要是信奉那些神靈，或者塑造那些神的泥像、銅像，一律滿門抄斬，絕不留情。也只有像我這樣有魄力的君主，才能做出這樣的英明的決策。縱觀古今，除了我，誰還能有勇氣清除這些虛假的東西！通告駐守在外的將士，凡是看到有關佛教的東西，一律毀掉。所有的和尚，不論老少，一律活埋。」

　　太子拓跋晃一直信奉佛教，常常獨自專研佛法，頗有心得，他認為參習佛法可以修身養性。因此，他多次勸諫父親，可是太武帝則完全不予理會。於是，他故意拖延下發詔書的時間，希望各地的和尚有足夠的時間逃生。各地的和尚都躲了起來，保住了性命。有的佛經典籍也被藏了起來，只是北魏國所有的佛像和寺院都被毀壞殆盡。

【古今通鑑】

　　南北朝時期，北魏太祖拓跋矽十分尊崇佛教，常常請一些高僧大德講經，並下令修建廟宇、塑造佛像，一時間，京都平城寺廟林立，僧侶雲集，佛教得到了空前的發展。當時，僧侶的地位很高，他們占有土地，壓榨百姓，不用上交賦稅，而且享有很多特權。除此之外，

僧侶因不滿北魏的統治，多次與之對抗。這樣一來，佛教在政治和經濟上為北魏政權造成了很大的衝擊，所以信奉道教的魏太武帝繼位後，出於種種考慮，才下令禁佛。

玄武門李世民殺兄

隋朝末年，隋煬帝楊廣殘暴荒淫，任用奸佞，疏遠賢臣，終日尋歡作樂，興造宮殿，開鑿運河，窮兵黷武討伐高麗，徭役無期，兵卒橫屍遍野。加之連年乾旱，秋收無粒，餓殍遍地。天災人禍之下，百姓再也無法忍受隋煬帝的暴政，揭竿而起，四方回應，不久便成燎原之勢，全國有百餘支農民起義軍，他們攻城池，殺貪官，一路勢如破竹，聲勢浩大。李淵趁天下大亂，在太原起兵，兼併群雄，奪取天下，建立唐朝，史稱唐高祖。

天下既定，百廢待興，唐皇室內部便開始了一場殘酷的政治鬥爭。太子李建成、齊王李元吉嫉妒功高蓋世的秦王李世民，聯合後宮的嬪妃們，每天都向唐高祖說李世民的壞話，力圖除掉李世民。

正值此時，突厥來侵犯唐朝邊境，李建成舉薦李元吉，讓他替代李世民率兵討伐突厥，高祖答應了。李元吉又請求

派李世民手下猛將尉遲敬德、程咬金等充為先鋒，又從秦王軍中抽調出精銳士兵，編入自己的軍隊，共同征討突厥。李建城見李元吉得到了李世民的軍隊，便讓他趁李世民為他踐行時，在席前暗伏武士，除掉李世民。李世民得知後大驚，失聲道：「本是兄弟骨肉，為何非要置我於死地！」

長孫無忌聞聽後，同樣吃了一驚，說道：「此事關係到秦王的身家性命，一定要搶占先機，先滅了他們，絕不能心慈手軟。」李世民嘆道：「手足相殘，為人不恥，但如今大禍將至，我不能坐以待斃，一定要先發制於人，但必須師出有名，才不會授人以把柄。」當下又召來尉遲敬德、房玄齡、杜如晦等人密議一番，而後各自祕密散去，準備各項事宜。

武德九年六月初三，李世民上呈密奏，稱李建成、李元吉與後宮嬪妃淫亂，又說：「兒臣不曾做過對不起兄弟之事，但他二人卻要加害於我，像是要為王世充[221]和竇建德[222]復仇。我若是含冤而死，永離親人已是悲傷不已，更何況靈歸地下，實在恥於見那些被我誅殺的反賊！」唐高祖看了奏章，震驚不已，命李世民徹查此事。

當夜，李世民調出兵將，命長孫無忌帶領，在玄武門設伏。唐高祖的張婕妤暗中得知李世民密奏內容，不待天明，

221　王世充：隋末唐初割據者之一。
222　竇建德：隋末唐初河北起義軍前期領袖，建立夏國，後被李世民擊敗並被俘，被唐高祖處死於長安。

第七章　雄韜偉略篇

忙去告訴李建成。李建成找來李元吉商議對策。李元吉思慮道：「我們應該控制好東宮和齊王府的軍隊，然後託病不朝，靜觀其變。」

李建成說道：「宮內有張婕妤為我等走報消息，外有兵將護衛，李世民再強，也不敢在宮中作亂，我等不如上朝觀見，自探消息。」此時，東方既白，兩人騎馬一起入宮，走向玄武門。

剛至臨湖殿時，李建成和李元吉察覺情形不對，立即調轉馬頭，準備返回東宮和齊王府。將出玄武門之時，忽然聽聞身後有人喊道：「二位兄長，為何不入朝？」李元吉自知是李世民，回身應答之時，已搭好弓箭，連射三箭，均被李世民躲過。最後一箭，卻被李世民硬生生接住，也取弓搭箭，拉滿箭弦，射向李建成。李建成原以為他要回射李元吉，哪裡會想到箭朝自己飛來，「颼」的一聲，正中胸口，箭頭從背後透出，跌落馬下，當即死去。

李元吉大駭，再也無暇顧及李建成，策馬奔逃，卻在玄武門口迎面碰上尉遲敬德，立刻掉頭返奔，卻不料李世民坐騎已追至眼前，躲避不及，兩馬相撞，兩人皆落馬下。李元吉最先起身，奪過李世民的弓，欲絞殺他，正危之時，尉遲敬德率兵趕到，嚇退李元吉，命兵士扶李世民到別室暫歇，自己上馬追殺李元吉。

玄武門李世民殺兄

李元吉亡命狂奔，欲逃入武德殿，尋求唐高祖的庇護。哪知剛入殿中，忽聽背後一聲弓響，剛一回頭，箭已飛至面前，正中咽喉，倒地氣絕而亡。尉遲敬德收了弓箭，下馬上前，梟其首級，再回玄武門，將李建成的首級砍下。李建成和李元吉的部下見大事不妙，潰散而逃。

此時，唐高祖正在海池中，泛舟取樂。忽然看見岸上有一個身穿鐵甲的人將，手持長矛，匆匆奔來，唐高祖大喝道：「來者何人？」那位大將橫置長矛，倒身下拜道：「末將是尉遲敬德。」唐高祖又問：「你來做什麼？」尉遲敬德答道：「秦王因太子和齊王作亂，舉兵誅殺了他們。唯恐驚動陛下，特派臣前來護駕。」

唐高祖驚詫地地對大臣裴寂等人說：「想不到今天會發生這樣的事，該如何是好呢？」大臣們說：「太子李建成與齊王李元吉本來就沒什麼功勞，還嫉妒秦王名望和功勞，一起策劃陰謀欲殺秦王。現在秦王誅殺了他們，功蓋寰宇，天下歸心。如果陛下能立秦王為太子，委以重任，就不會有什麼大事了。」唐高祖說：「好！這也正是我一直以來的心願啊。」

八月初七，唐高祖立李世民為太子。初八，唐高祖下詔將皇位傳給李世民，次日，李世民登基繼位，即唐太宗。

第七章　雄韜偉略篇

運匠心李昇開新朝

　　李昇出生在江蘇徐州，自幼父母雙亡，八歲那年，被節
度使楊行密的手下抓走。李昇初見楊行密時，毫不膽怯，敢
與他對視，楊行密十分喜歡他，收他為義子，但楊行密的長
子楊渥卻因李昇受寵，開始排斥他，處處與他作對。

　　楊行密見李昇實在不適合留在自己身邊，無奈之下，對
手下將領徐溫說道：「李昇這孩子性情好，又十分聰明懂事，
絕非常人，但我的兒子楊渥容不下他，我把他賜給你做義子
吧。」徐溫平日對李昇就有好感，十分樂意收他做養子，還
幫他改名為徐知誥。

徐知誥恪守孝道，十分尊敬徐溫。一次，徐知誥惹惱了徐溫，被徐溫責打了一頓，並把他趕出了家門，可是，等徐溫外出回家時，徐知誥卻在門口迎接他，徐溫冷聲問道：「你怎麼還不走？」

徐知誥跪地泣淚道：「做兒子的離開了父母還能去哪裡啊！父親生氣了，我就先去母親那裡躲避一會兒，等父親氣消了，我再回來。」徐溫冷冷地哼了一聲，徑直回屋，但心裡卻是更加喜歡徐知誥了，不久便讓他管理家務事宜。

徐知誥盡心盡力地把家務打理得井井有條，家人無不交口稱讚。徐知誥喜歡讀書習武，常跟家中的武師舞槍弄棒，長大之後，文武雙全，見識廣博，器宇不凡。楊行密經常對徐溫說：「知誥乃人中俊傑，將來必會超過我的兒子。」

楊行密死後，徐溫人權獨攬，擁立楊行密的兒子楊隆演為吳王，建立吳國，史稱南吳。楊行密手下將領李遇不服徐溫掌朝，起兵謀反，徐溫命徐知誥率兵討伐，不久就滅掉了李遇。事後，徐溫論功行賞，任命徐知誥為昇州[223]太守。徐知誥上任後，選用廉潔官吏，傾盡家財，廣納賢士，積極籠絡人心，不久，昇州大治。

徐知誥辦事謹慎認真，徐溫經常對他的幾個兒子說：「你們要是能像徐知誥一樣盡力替我辦事，何愁大事不成？」因

223　昇州：今江蘇省南京市。

第七章　雄韜偉略篇

為徐溫長期信任徐知誥，他的兒子徐知訓、徐知詢都十分嫉妒徐知誥，對他十分不禮貌，只有小兒子徐知諫以兄弟之禮對待徐知誥。

　　徐溫見徐知誥治理有方，命他為潤州²²⁴團練使。徐知誥為政寬仁，關心民間疾苦，深得民心。當時，徐溫正在昇州，特意命長子徐知訓留居南吳都城揚州，掌控朝中大權。但徐知訓殘暴荒淫，多次欺辱吳主，最後被節度使朱瑾所殺。

　　徐知誥聞聽徐知訓被殺，馬上從潤州渡過長江回到揚州平息事變，最後自然替代徐知訓處理吳國政事。徐知誥與徐知訓的作風截然相反，他恭敬地侍奉吳主，對朝中的大臣也十分尊重。他又聘請齊丘為謀士，在他的幫助下，任用賢能，減免賦稅，開荒種糧，因此國力漸強，人心安定。

　　徐知詢以徐知誥不是親生為理由，經常請求徐溫讓他替代徐知誥掌管朝政。徐溫的手下的大臣也力諫徐溫，讓徐知詢取代徐知誥。但徐溫認為徐知誥聰明、孝順，不忍心這麼做。後來，徐溫病重時，才決定讓徐知詢替代徐知誥，但還沒來得及傳令就去世了。

　　徐溫一死，徐知誥設計囚禁了徐知詢，奪其兵權，從此集軍政大權於一身。西元九三七年，吳主禪位於徐知誥，徐

224　潤州：今江蘇鎮江。

知誥正式繼位，恢復原來的名字李昇，自稱是唐朝皇室後代，改國號為唐朝，史稱南唐。

李昇當上皇帝後，為求長壽，長期吃丹藥，最後中毒而死，享年五十七歲。

【古今通鑑】

李昇在位期間，勤政愛民，興利除弊，大力實行改革，南唐的經濟和國力得到了迅速的提升，百姓生活富足，社會安定。李昇一生勤儉節約，不好酒色，胸有壯志，專心國政，常常通宵連旦批閱奏章、處理政務。也許李昇有太多的政治抱負去實現，他希望自己能夠長生不老，任用方士煉丹，豈知生死有命，哪裡是藥物所能改變的呢？李昇此舉實在不明智，結果，非但沒延長他的壽命，反而中毒身亡。

═ 受禪讓蕭道成建齊 ═

蕭道成，字紹伯，小名鬥將，蕭何的二十四世孫，南朝第二個朝代齊國的建立者。

蕭道成參軍以後，因作戰勇猛，屢建戰功，所以升遷很快。漸漸地升任為劉宋中央禁衛軍首領。後來，他又趁劉宋

皇室內部爭奪利益的時候，掌握了軍政大權。

西元四七七年，蕭道成殺掉廢帝劉昱，擁立年僅十歲的劉準為順帝，自封相國、齊公，從此，蕭道成集軍政大權於一身，奪取皇位只是早晚的事。

西元四七九年，在蕭道成的威逼利誘下，順帝於四月二十日被迫下詔，將皇位禪讓給蕭道成。次日，按照規矩，劉準應該上朝接見百官，但他說什麼也不肯去，慌慌張張地躲到佛堂中的一座佛像下面。蕭道成的親信王敬則聽說後，率領一隊人馬，抬著一頂轎子，來到佛堂中迎接劉準。太后見王敬則氣勢洶洶，傷心的同時感到非常害怕，帶他到了劉準藏身的佛像下。王敬則費了半天口舌勸說劉準，劉準才戰戰兢兢地從佛像下面爬了出來，問道：「你是來殺我的嗎？」

王敬則說：「我不會殺你的，只不過讓你搬到外面的宮殿中去住。當初你們劉家取代東晉司馬家族不也是這樣的嗎？」

劉準突然大哭起來，抽噎著說：「但願我生生世世再也不出生在帝王家中。」周圍的宮人們見了，覺淒涼無比，紛紛淚如雨下。王敬則勸慰了好半天，劉準才停止了哭泣，拉著王敬則的手說：「如果不出意外的話，我一定賞賜你十萬錢。」王敬則笑了笑，點頭說好，就請劉準上了轎。

當天，文武百官在齊王府陪著蕭道成，侍中謝朏（ㄈㄟˇ）正在宮中當值，所以沒有去蕭道成的府中。按理說他

應該把璽印交給蕭道成派來傳詔的人，但他卻故作不知，問道：「你來有什麼公事嗎？」

詔使說：「我來取璽印，交給齊王。」謝朏卻說：「齊王應該有自己的侍中啊，還能用到我嗎？」詔使聽後，知道這樣回去無法交差，便為謝朏出了個主意說：「您就說您生病了，這樣我回去好讓齊王再找一個侍中。」謝朏十分生氣地說：「我明明沒病，你為何讓我裝病？」說著，起身上了馬車，回到自己家中。

詔使無奈，只好回去如實覆命。蕭道成聽了，大度地一笑，只好任命王儉為侍中，讓他解決璽印的事。等璽印儀式交接完畢後，劉準便坐著馬車，出了東掖門，前往太子府邸。劉準奇怪地問身邊的人道：「今天為什麼沒有人演奏？」左右一聽，臉色肅穆，沒有人作答。這時，右光祿大夫[225]王琨，在晉朝的時候擔任過郎中[226]，現在已是白髮蒼蒼的老人了，他攀住車轅涕泗橫流，說道：「人們都為能長壽而高興，而老臣卻為了長壽而悲哀啊！正是因為無法及早死去，才頻頻看到今天發生的事情。」百官看了無不為之動容，個個淚如雨下。

璽印到手後，蕭道成在百官的簇擁下，登上帝位，至

225　右光祿大夫：光祿大夫官名。大夫為皇帝近臣，分為中大夫、太中大夫、諫大夫，無固定員數，亦無固定職務，依皇帝詔命行事。

226　郎中：郎中屬員外級，就是分掌各司事務，其職位僅次於尚書、侍郎、丞相的高級官員。

此，齊朝正式建立，史稱南齊，蕭道成就是齊高帝。

蕭道成登基後，尊奉劉準為汝陽王，為其修建宮殿，還為他增添守衛。就這樣，僅僅存在五十多年的劉宋王朝不復存在了，一個新王朝齊開始了。

【古今通鑑】

蕭道成之所以能順利登上帝位，一方面與他立下的諸多戰功是分不開的；另一方面是，劉宋王朝皇帝的昏庸和王室內部的權力鬥爭，這些都為蕭道成掌握實權提供了不少便利。由此可見，當一個昏庸的皇帝遇到一個一心成事的棟梁之才時，改朝換代是必然的事情。

═ 繼帝位劉邦封功臣 ═

劉邦在諸多謀士和大將的輔佐下，終於奪得天下。當上皇帝沒多久，劉邦便開始大封有功之臣，一次就封賞了二十多人，其中蕭何被封為酇侯，食邑[227]也最多。剩下沒有受封的將領，都覺得不服，開始爭論誰的功勞最大，日夜不休。劉邦不得已，只好暫停封賞。

一日，劉邦在洛陽南宮散步，從複道[228]經過時，看到一

227　食邑：古代君主賜予臣下作為世祿的封地。
228　複道：樓閣或懸崖間有上下兩重通道，稱複道。複，通「復」。

些將領們三五成群，接連坐在洛水的沙灘上，交頭接耳，像是在商量什麼事情。劉邦疑惑不已，便問身側的張良道：「你知道那些人鬼鬼祟祟在幹什麼嗎？」

張良猶豫片刻，說道：「難道陛下沒看出來？他們正在密謀造反。」

劉邦愕然道：「天下剛剛平定，他們為何要謀反呢？」

張良說道：「陛下原來是一介布衣，依靠這些將領的效忠，才得以奪取天下。如今，您當了皇帝，所封賞的多是您的故人和親屬，所殺的全都是您的仇人。這些將領擔心今日未得受封，又恐怕時間一久，您會記恨他們過去的錯失，會殺了他們，所以他們才聚在一起，密謀造反。」

劉邦大驚道：「那該如何處置？」

張良沉吟半晌，問道：「陛下，您平生最厭惡的，而朝中人人皆知的人是誰？」

劉邦說道：「雍齒！此人和我有舊怨，曾經數次侮辱我，我早有殺他之心，但又因他曾立過不少功勞，所以不忍心下手。」

張良急忙說道：「請陛下速封此人為侯，便可防止叛亂。」

劉邦仔細思慮一番，覺得張良主意甚好，便在南宮宴請群臣，當場封雍齒為什邡侯。然後又催促丞相和御史馬上評

估各位將領的功勞，以作為封賞的依據。宴罷席散，那些未受封的將領，都喜不自勝，互相議論道：「雍齒屢次得罪陛下，已夠他斬首五次。他都能封侯，我輩還有什麼可擔憂的呢？」張良這一招果然奏效，那些將領都安了心，規矩行事，再無謀反之意。

然而，一波剛息，一波又起，待封賞已畢，諸位將領又開始爭論起來，這次是為了功臣的位次排列。將領們紛紛向劉邦進言道：「平陽侯曹參，當初攻城掠地，作戰勇猛，身負七十多處傷，戰功赫赫，他應該位列第一位。」

這時，鄂千秋說道：「陛下，臣以為功勞最大的不是曹參。」

劉邦聽了，眼前一亮說道：「請繼續講下去。」

鄂千秋侃侃而言道：「陛下，臣也承認曹參確實是有功之臣，但他卻多是奪取城池之功，為時短暫。想當初，陛下在與項羽持續了數年的征戰中，不知有多少次，軍隊被打敗，將士四處逃亡。蕭何坐鎮關中，不斷補充兵源，訓練人馬，徵調糧食，免去您後顧之憂。這些事情，恐怕是曹參做不到的。微臣相信，如果單單依靠一些武將，陛下是很難奪取天下的。因此，臣認為，蕭何功蓋萬世，理應位居第一，曹參位居第二。」

劉邦撫掌嘆道：「你說得太好了！」於是，便把蕭何列為

第一，還特別恩准他可以佩劍、穿鞋上殿。劉邦又對鄂千秋說道：「舉薦賢能的人，理應受到封賞。蕭何雖功高，但是如果沒有你的大力推薦，恐怕也難以引起我的注意。」於是，鄂千秋被封為安平侯。

【古今通鑑】

　　　如果賞與罰恰到好處，便能發揮正向的作用，如果賞罰不當，則會引起混亂。賞與罰的最高境界，是透過一些受到賞罰的人，對那些未受到賞罰的人，施加影響，因而達到某個團體內部的平衡。而劉邦剛得天下時，全憑自己好惡愛憎進行賞罰，結果因為不公，引起了群臣的不滿，以及深感自己受到猜忌而深感不安。深諳賞罰之道的張良，及時向劉邦提出建議，先封賞與他有舊怨的雍齒，如此一來，在展現劉邦大度的同時，也消除了群臣疑懼的念頭，國家的憂患得以消除。

＝智諸葛亮七擒孟獲

　　蜀漢先主劉備病倒在榻，百方調治也不見好轉，他深知自己時日無多，便召來諸葛亮囑咐後事。諸葛亮聞訊趕來，伏在榻前問安。

第七章　雄韜偉略篇

劉備命內侍把他扶起來，靠在繡褥上，緩緩地對諸葛亮說道：「吾仰仗諸位之力，南征北伐，破賊安民，入蜀定鼎，建立大好基業，與吳、魏兩國成鼎力之勢，不料吾卻一病不起！您的才能舉世無雙，一定能治理好國家。太子劉禪（ㄔㄢˊ）雖憨愚不慧，但在您的輔佐下未必不是可造之才，如果實在不行，您就取而代之，做一國之主！」

諸葛亮涕泗橫流，叩頭泣聲道：「主公何出此言！主公對我有知遇之恩，我定竭力輔佐太子，忠心不變。」不久，劉備病崩，劉禪繼位，史稱「蜀漢後主」。

劉禪果然是個扶不起的阿斗，登上帝位後，成天吃喝玩樂，將所有的政事全都交給諸葛亮處理。諸葛亮兢兢業業，日理萬機，一心想使蜀國興旺起來。卻不料南中地區[229]發生了叛亂。益州[230]郡豪強雍闓（ㄎㄞˇ）聽說劉備已死，起兵作亂，殺了益州太守正昂。他一面捉捕蜀官交給東吳，以示臣服之意；一面拉攏南中一帶少數民族的首領孟獲，讓他煽動各地蠻夷[231]。柯太守朱褒、越巂[232]夷族酋長高定先後起兵回應雍闓。

當時蜀國先主剛亡，不宜出兵征討。諸葛亮極力安撫各

229　南中地區：今四川省大渡河以南和雲雨、貴州一帶。
230　益州：現在四川省一帶。
231　蠻夷：古代泛指華夏中原民族以外的少數民族。
232　越巂（ㄒㄧ）：今雲南麗江及綏江兩縣間金沙江以東。

地叛亂，又與東吳講和，贖回官員；關閉邊境所有關隘[233]，讓百姓休養生息，獎勵生產，興修水利，廣積糧食，訓練兵馬，以備日後徵用。

　　魏文帝黃初六年（西元二二五年），諸葛亮出兵南征。參軍[234]馬謖（ㄙㄨˋ）送諸葛亮出城，一直送出百里，誠懇地對諸葛亮說：「南中人叛亂已有數年之久，他們憑藉地勢險要，再加上離都城又遠，我們不易征服。即便這次動用大軍征服了，日後他們必然還會反叛。我聽說用兵之道在於攻心為上，攻城為下。丞相這次南征，如果能讓中南人輸得心服口服，表示永遠臣服蜀國，這樣我們才能一勞永逸。」馬謖此番話可謂一針見血，諸葛亮欣慰地點頭笑道：「你說得很對！」

　　諸葛亮率領大軍一路南下，幾戰幾捷。大軍還在半路時，蠻夷首領高定和雍闓反目，雍闓被殺。蜀軍攻入越巂，殺了高定。孟獲收集雍闓的餘眾散兵，組成軍隊，繼續與蜀兵對抗。孟獲為人重義輕利，驍勇有謀，在蠻夷中很有威望。諸葛亮傳令不許殺害孟獲，一定要生擒。

　　這日，諸葛亮率兵征剿孟獲，孟獲騎馬出陣應戰，剛一交戰，蜀軍就撤出潰逃。孟獲一看蜀軍不堪一擊，遂領兵追擊。追至一半，蜀軍停下與孟獲略戰一會兒，便又潰逃，如

233　關隘：險要的關口。
234　參軍：參謀軍務的簡稱。

此三次。孟獲起先還有些疑惑，三戰三捷後，更不心疑，窮追不捨，一直追到一座山中。只見四山挺拔險峻，層巒疊嶂，乃一塊絕地。孟獲方才醒悟，大喝一聲：「不好！」正待要退，四面山石間，無數蜀兵提刀揮矛殺來，頓將蠻兵衝作數段，互不能顧，死傷大半，孟獲被蜀兵生擒。

蜀兵將孟獲帶至營帳中，諸葛亮親自為其鬆綁，又帶他參觀蜀營和陣地，問他：「我們的軍隊如何？」孟獲卻不屑地說道：「過去不知你軍虛實，所以戰敗。現在我看了你的營陣，如果僅是如此，我要取勝簡直是易如反掌。」

諸葛亮大笑，遂放了孟獲，讓他準備再戰。經過七次的生擒和釋放，最後一次，諸葛亮正要放孟獲時，孟獲卻不肯走了，說道：「丞相用兵如神，我輸得心服口服，我保證南中永遠不會再有叛亂！」孟獲回去後說服其他部落歸順蜀國，自此，南中地區的叛亂終於全部被平定了。

平定南中後，諸葛亮依然任用當地有威望之人擔任地方長官，負責治理南中。有人不解地問道：「我們好不容易征服他們，為何還要用他們為官？萬一他們再次叛變怎麼辦？我們自己派官員不是很好嗎？」

諸葛亮說道：「如果我們派官員來，會遇到三個問題：一是我們派兵駐守，由於路途遙遠，糧食物資運送很困難；二是剛剛經歷戰爭，他們有不少士兵被殺，如果我們只派官員

來治理，而不派軍隊來駐守，恐怕會發生叛亂；三是這些蠻夷之族與我國對抗了很久，知道自己有罪，對我們也有所忌憚，更不會相信派來的官員，這樣終究治理不好南中。如果我讓他們自己治理南中，既省去我們運糧之苦，法令制度也可以得到執行和落實，這樣不是更好嗎？」

在諸葛亮有生之年，南中地區再也沒發生過叛亂。諸葛亮也能集中精力準備北伐了。

【古今通鑑】

諸葛亮在南征中，將軍事行動與複雜的政治鬥爭等諸多因素結合起來，採取馬謖的「攻心為上」的策略，對孟獲七擒七縱，勝利平定了南中之亂，不僅解除了後顧之憂，而且得到了大量的軍用物資和兵員，為日後北伐曹魏奠定了基礎，也為後世兵家留下了寶貴的經驗。

第七章　雄韜偉略篇

第八章　慨嘆命運篇

═ 未央宮裡韓信失算 ═══════════

秦朝末年，朝廷橫征暴斂，黎民百姓流離失所，挈婦將雛，四處逃亡，露宿於荒山野嶺，滿目皆是凍餓之殍。再加之紳富賤價購買奴僕，一時間，妻離子散，嚎哭之聲直達天庭。

在此背景下，劉邦斬白蛇而起義，在眾多謀士和武將的輔佐下，奪取天下，開創了漢朝三百年的大好基業。而淮陰侯韓信就是建立漢朝的功臣之一。

漢朝開國不久，基業不穩，人心浮動，陳豨[235]扯旗放炮，聚兵謀反。劉邦聞之大怒，遂親自討伐陳豨。這次，跟隨劉邦東征西討多年的韓信，卻意外地稱病告假，並未隨劉邦出征。韓信覺得這是個成就大事的絕佳機會，劉邦剛走，他就暗中派人去陳豨的部隊，與陳豨商議發動政變。韓信不愧為軍事家，他計畫利用正在官府裡做苦工的工人和罪人，對朝廷不滿的情緒，趁夜間假傳詔書赦免他們，再從中鼓動一番，發動暴亂，攻入後宮，殺掉呂后[236]和太子。如此一來，在前線打仗的劉邦必定會在最短的時間內，得知後方有變，因而無心應戰，班師回朝，陳豨趁機進攻劉邦，必能大

---

235 陳豨（ㄒㄧ）：被劉邦封為陽夏侯，以相國的身分統率諸侯趙國和代國的軍隊。後來有人告發他擁兵自重，企圖謀反，劉邦便詔令陳豨進見。陳豨深知此去凶多吉少，便稱病不朝，不久便起兵反漢，自封代王，後兵敗身亡。

236 呂后：亦稱呂雉，是漢高祖劉邦的正配夫人。在劉邦還未發跡時與之相識，輔助劉邦奪取天下，後劉邦稱帝，呂雉被立為皇后。

獲全勝，真可謂一石二鳥之計。

　　但是，這位常勝將軍也有失算的時候。有位叫舍人的，因得罪了韓信，被打入大牢，準備擇日處死。舍人得知後，雖然驚駭，卻又不甘心引頸待割，便把韓信密謀造反的事情告訴了他的弟弟。舍人的弟弟當即入宮，將此事稟告了呂后。

　　呂后聽後大驚失色，不過她也是久經風雨之人，很快便鎮靜下來，找來蕭何商議應對之策。蕭何聽說韓信要造反，目光霍然一跳，臉上的肌肉不自覺地抽動了幾下，心中一陣痛心，無論如何，他都無法相信這個曾受過自己舉薦的將帥之才，轉眼之間就成了自己的敵人！輾轉反思間，他衡量事情的輕重，便胸有成竹地告知呂后他有了應對之法。

　　次日，蕭何去了韓信的府邸。一見韓信，蕭何拱手笑道：「我今日來貴府叨擾，是為了告訴你一個好消息！」

　　韓信問道：「什麼好消息？」

　　蕭何道：「前方傳來捷報，說陛下打了大勝仗，陳豨也被殺了。」說完，看著韓信，韓信似乎有些悵然若失，又問道：「此事當真？」

　　蕭何微微一笑，說道：「此等軍國大事，關乎天下民生，我豈敢胡言亂語！為了慶祝陛下取勝，呂后特意賜宴百官，你是陛下最倚重和信任的重臣，請一定準時赴宴。」

第八章　慨嘆命運篇

韓信推諉道：「我最近身體不好，行動不便，我看我還是不去了。」

蕭何搖了搖頭，說道：「平日你可以不去，但這次畢竟是為陛下的勝利而慶祝的，你還是忍著點去一趟吧。」韓信實在無法推託，只好按時赴宴。但是，當他來到宮中，既不見瓊漿美酒，也不見美味佳餚，偌大的宮殿中除了釘子般站立的武士和嚴肅的呂后，再也沒有其他官員，武士們虎視眈眈地盯著韓信，空氣中充滿了肅殺之氣。

隨著呂后的一聲喝令，武士們一起上前把韓信捆成了粽子，押到長樂宮斬首。行刑前，韓信仰天嘆道：「真是可悲，我真後悔當初沒有聽從蒯通[237]之言。可憐我一世英名，竟然把性命斷送在小孩和女人手中，真乃天意！」殺了韓信後，呂后深諳斬草除根的道理，又誅殺了韓信的三族。

【古今通鑑】

「狡兔死、走狗烹；飛鳥盡、良弓藏；敵國破、謀臣亡！」這是古代帝王慣用的手段。當年范蠡幫越王勾踐復國後，深知功成身退的道理，飄身而去，泛舟江河。臨走前，他告誡文種兔死狗烹的道理。韓信雖是開國重臣，勞苦功高，但他似乎沒有理解功高蓋主的背後

237　蒯（ㄎㄨㄞˇ）通：本名蒯徹，漢初謀士，因為避漢武帝之諱而改為通。在劉邦和項羽對峙的關鍵時刻，蒯通曾勸說韓信自立為王。

的深意。劉邦愛韓信之才，又考慮殺他會留下千古罵名，所以前期只是以打壓為主，消除韓信對自己的威脅。呂后對劉邦微妙的心理心知肚明，所以她敢放手一殺，為劉邦永遠除掉了心腹大患。也許韓信臨死之前，才明白自己是步了文種的後塵。

═ 趙高弄權誅滅李斯 ═

秦始皇二十七年（西元前二一〇年），秦始皇第五次東遊途中，突然病崩，宦官趙高與丞相李斯祕不發喪，篡改遺詔，賜死太子扶蘇，擁立秦始皇次子胡亥為帝。趙高因此獲得秦二世的寵信，肆意專橫，擅殺與他有恩怨的人。他又擔心朝中大臣會向秦二世揭發，禍及自己，便對秦二世說：「您貴為天子，就應該隨時保持自己威儀，令群臣只聞其聲，不見其形，讓百官心生敬畏。陛下繼位不久，年紀又輕，倘若言語有誤，處事不當，恐怕會招來朝中非議，這豈不是玷污天子之威嗎？所以，臣建議陛下，從今日起不必臨朝，只要深居深宮，由微臣等人輔政，待有大事，微臣會及時通稟，也好方便陛下裁決。這樣以一來，您的英明必會流傳後世，成為子孫效仿的楷模。」秦二世本來就不喜歡上朝，此時聽趙高這麼一說，樂得在宮中恣意享樂，不再臨朝。

第八章　慨嘆命運篇

　　從此，趙高完全大權獨攬，朝中事無大小，皆要過問，因此引起了丞相李斯的不滿。趙高聽說後，便去拜訪李斯，說：「關東盜賊起兵作亂，斬之不盡，殺之不絕，邊防屢次告急，而陛下卻沉迷於酒色，徵調民夫，修建阿房宮，採辦各種奇珍異獸，玩物喪志，不知自省。我想進行規勸，奈何人微言輕，不敢進言。您身居相國之位，威望很高，怎麼能坐視不管呢？」

　　李斯長嘆一聲，說道：「不是我不願進諫，實在是陛下深居簡出，處理政事都在宮中，我連陛下的面都見不到，叫我如何面奏？」趙高說：「這有何難，倘若丞相真要進行規勸，待我候得陛下閒暇之時，派人通知您。」

　　於是，趙高等到秦二世在宮中宴飲，與宮女嬪妃取樂之時，派人通知李斯進諫。李斯忙穿了朝服，入宮求見秦二世。如此接連三次。秦二世不禁大怒道：「我有閒暇時，丞相不來。待我宴飲之時，他便來求見，真是敗我酒興！」趙高趁機進讒言，說：「當初偽造詔書，逼扶蘇自殺，李斯參與了。他本意是割地稱王，結果您登上帝位，他卻沒有得到好處，所以心懷怨恨，暗中與長子李由密謀造反。」秦二世聽了，尚在沉吟，趙高又說：「楚地盜賊陳勝等人，都與丞相是鄰縣的人，這些人無所顧忌，四處橫行，經常在三川[238]

238　三川：今天的河南省洛陽地區。

出沒，而身為三川郡守的李由，只是固城自守，不肯出兵迎擊。」秦二世聽了，沉吟多時，欲查辦李斯，但又顧慮到案情重大，草率不得，便派使者走訪三川，暗中調查李由與盜賊勾結的情況。

李斯收到密報，方知中計，當即上書彈劾趙高，揭發其獨攬朝政、濫殺無辜，有篡位自立的野心。秦二世看了李斯的奏章，對左右說道：「趙高精明強幹，廉潔公正，體察民心，一心為國，如果我不信任他，那朝中還有可信之人嗎？李斯自己心虛，便來誣陷趙高，實在可恨！」說著，將原奏扔在地上。秦二世擔心趙高會被李斯暗中殺害，還特意找來趙高，囑咐他多加小心，趙高又趁勢說：「陛下，丞相早有殺臣之意，只因微臣經常侍駕，一時找不到機會罷了。倘若有一天，微臣被殺，丞相便會像戰國時期的田齊篡奪齊國的政權一樣篡奪您的天下。」

秦二世終於下定決心除掉李斯，便命趙高將李斯收捕入獄，隨後，又將李斯家人、門生、故交一併抓捕，投入大獄。

趙高在獄中歷數李斯父子謀反之事，讓他自己承認。李斯大呼自己受冤，堅決不承認，趙高便動用酷刑，李斯實在熬不住，屈打成招。但他又不甘心蒙受不白之冤，又上書秦二世，自陳前功，希望秦二世赦免自己。趙高接到上書，

第八章　慨嘆命運篇

冷笑道：「身為囚犯也配上書？」李斯上書不成，反倒使趙高提高了警覺，若是秦二世真的派人來審問，李斯必然會翻供。於是，趙高命心腹家奴扮作御史、侍中等官，輪番審問李斯。李斯自然不知其中有詐，高呼冤枉，又將實情相告，結果每次都會遭到笞杖[239]之刑。後來，秦二世派人來複審李斯，李斯以為會和前幾次一樣，會白受笞杖之苦，便沒敢再翻供，承認了謀反的罪名。複審官員還報秦二世，秦二世高興地說：「如果沒有趙高，我差點就被李斯蒙蔽了！」

　　就這樣，李斯被定為死罪，腰斬於咸陽，並夷三族。

【古今通鑑】

　　在李斯輔助下，秦始皇迅速吞併六國，統一全國，而李斯也因此成為名符其實的「千古一相」。李斯不僅有著高超的政治智慧，而且極有才華，筆下文章，絕無僅有，無數文人墨客無不仰慕。奈何貪求祿位，李斯深陷名利的漩渦，一改初衷，迷失方向，倒施逆行，以至落了個被誅三族的下場。可見富貴二字，最能誤人。而身為文人，切不能丟掉自己的信念，對於富貴不可過於強求，隨順自然，也是人生大樂。

239　笞杖：中國古代使用得最廣泛的刑罰，指用小荊條或小竹板抽打臀部、腿或背部的刑罰。

范雎不死威震諸侯

周赧王三十二年（西元前二八三年），齊閔王昏庸無道，窮兵黷武，惹來眾怒，燕將樂毅率燕、楚、趙、魏、韓五國攻破齊國都城臨淄[240]，並一舉攻下齊國七十餘座城池，齊國僅剩莒和和即墨兩座較大的城池尚未被攻破。後來齊將田單力挽狂瀾，智擺火牛陣，大敗聯軍，力復七十座城池，齊國才免遭亡國。

此時，齊閔王已死，齊襄王法章繼位，精心治國，一改齊國頹廢之勢，國力有所恢復。這使得隨燕破齊的魏王坐臥不安，擔心齊王會報復，於是派中大夫[241]須賈出使齊國，議和修好。

齊襄王一見魏國使臣須賈，就毫不客氣地責問說，齊、魏本是兄弟之邦，為何卻如此反覆無常，助燕伐齊？又說先王之死與魏國脫不了干係，令人切齒痛心！須賈諾諾無言，無法應對。此時，須賈身邊有一人，上前一步，據理力爭，說得頭頭是道，駁得齊襄王啞口無言。

原來，此人正是范雎，心懷大志，有經天緯地之才。起初他想投魏王，怎奈家境貧困，沒錢買通門路，只好暫時充當須賈的門客，以待時機。後恰逢須賈出使齊國，范雎從

240　臨淄：今山東省淄博市。
241　中大夫：古代官名。周王室及諸侯各國卿以下有上大夫、中大夫、下大夫。

第八章　慨嘆命運篇

行，結果須賈被齊襄王責問得陣腳大亂，遂挺身而出，代為作答。

齊襄王十分欽佩范雎的勇氣和才學，當晚便派人勸說范雎留在齊國，並許諾一定厚待他。范雎義正言辭地拒絕了。齊襄王聽後，頓生敬意，又派人賜給范雎黃金十斤以及其他寶物。

須賈得知齊襄王重賞了范雎，心中很不痛快，命范雎送還黃金等物，范雎惟命是從。回到魏國後，須賈想到此行，自己身為正使沒得到齊襄王的看重，卻讓范雎出了風頭，越想越氣，便把齊襄王重賞范雎的事告訴了魏相魏齊，並說范雎很可能要叛魏投齊。

魏齊勃然大怒，當即派人將范雎抓來，對其嚴刑拷打。范雎被打得皮開肉綻，鮮血直流，慘不忍睹。為了保住性命，范雎屏息僵臥，一動不動地躺在在血泊中，佯裝死去。左右觸其鼻息，便去稟告魏齊：「范雎已死。」魏齊正在喝酒，揮手說道：「賣國賊死得好！」又令人用竹席裹住范雎的屍體，丟在茅廁中，又讓家中賓客輪番向范雎身上撒尿，以警示後人。

范雎咬牙承受了這奇恥大辱，待四周安靜下來，他從竹席中張目偷看，只有一名卒吏在旁看守，便悄聲說道：「我身受重傷，雖然暫時甦醒，但絕無生還的可能。如果你能讓我

死在家中，以便安葬，我一定託人以重金酬謝你的。」卒吏貪財，又見他可憐，便對魏齊說道：「范雎死去多時，時間長了，恐怕屍體會腐爛發臭。」魏齊便命人將范雎的屍體棄於荒野。范雎這才得以脫身，遍體鱗傷地返回家中。後來，在好友鄭安平的幫助下，范雎隱匿民間，化名張祿，伺機洗刷恥辱。

過了一段時間，秦王派使者王稽出使魏國。范雎得知後，深夜前去拜謁王稽，透過一番攀談，王稽被范雎的才華折服，便帶他回到了秦國。秦王也十分賞識范雎的才華，拜他為相國。范雎上仕之後，向秦王提出「遠交近攻」的外交方略，並讓秦王出兵攻打魏國。魏王得知大驚，忙派須賈出使秦國。范雎聽聞昔日仇人來了，便脫去丞相的衣服，換了一身破爛的衣服，徒步去見須賈。

須賈見了范雎，大驚失色道：「范雎，你竟然還活著？怎麼落魄到如此地步？」當即留住范雎，供他吃飯，又贈送他一件錦袍。接著，須賈問道：「我聽說秦國新任丞相叫張祿，是魏國人，可不知他為何要建議秦王攻打魏國呢？此次前來，我就是想見見他。」

范雎便說：「我恰巧是張祿相國的門客，願意為你引見。」須賈大喜，當即與范雎去了相國府。到了門口，范雎對須賈說道：「你稍後片刻，我先進去為你通報一聲。」

第八章　慨嘆命運篇

　　須賈等了半天，也不見范雎出來，便問守衛剛剛進去的范雎到哪裡去了。守衛聽了不禁笑道：「剛剛進去的不是什麼范雎，而是秦國相國張祿。」須賈大呼上當，進退不得，只好跪地膝行，挪進相國府中謝罪。此時，范雎早已換上了相國的衣服，威風凜凜地坐在堂上，對須賈喝斥道：「我饒你不死，是因為你還知道送我一件錦袍，說明你還有些故人的舊情。既然剛剛你請我吃飯，我也理應留你在府中吃飯。」於是，范雎大擺筵席，招待各國來賓。但須賈沒有被奉為上賓，而是被安排在堂下。范雎又命人把餵馬的黑豆和碎草之類的飼料拌在一起，盛給須賈吃。須賈雖受辱，但又不敢違抗，只能勉強下嚥。

　　范雎說道：「請你回去轉告魏王，讓他馬上斬下魏齊的人頭送給我，不然我要血洗魏國。」

　　須賈回國後，把這件事情告訴了魏齊。魏齊大驚，連夜逃往趙國，躲在平原君家中。秦王得知此事後，執意要為范雎報仇雪恥，遂下令追殺魏齊，魏齊窮途末路，只好自刎身亡。

【古今通鑑】

　　范雎能在命懸一線的危機關頭，審時度勢，忍辱裝死，改名換姓，幾經輾轉，逃離魏國，實在不容易。到了秦國，范雎憑藉自己的超凡的口才征服了胸有大志的

秦王，並且取得秦王的信任。從此，范雎盡情發揮自己的才華，使秦國快速成為軍事強國。范雎在秦國得勢之後，對自己有過一飯之恩者，他必有賞謝；對於曾侮辱過自己的人，他必會實施報復，這就是「睚眥必報」典故。

呂后亂政禍及親子

　　劉邦建立漢朝後，便將自己的原配妻子呂雉封為皇后。這樣一來，呂后的兒子劉盈理所應當地被立為太子，成為劉邦的繼承人。然而劉盈生性懦弱，毫無魄力可言。劉邦越發看不上他，有心廢掉他，另立太子。

　　劉邦未稱帝之前，雖然好色，但顧忌呂雉，一直不敢明目張膽地納妾。可是等他坐上九五之尊的寶座後，身價水漲船高，三宮六院一應俱全，一個都沒少。在眾多嬪妃中，有個叫戚夫人的妃子備受劉邦的寵愛，而且還為他生了一個兒子，取名劉如意。劉邦覺得劉如意無論從外貌還是性格上，都十分像自己，有意立他為太子，雖然劉如意被封為趙王，但劉邦卻一直把他留在長安。

　　戚夫人深知劉邦有意立自己的兒子為太子，所以趁劉邦出巡關東 242 時，戚夫人也隨行，常伴左右，日夜哭啼，請求

242　關東：舊稱雁門關（山西境內）以東。亦稱「關外」。

第八章 慨嘆命運篇

劉邦答應自己的請求。而此時的呂后年老色歲，風韻不在，劉邦開始疏遠她，便決心改立劉如意為太子。

　　一回到長安，劉邦便在朝堂上宣布廢掉劉盈，改立劉如意為太子。群臣紛紛勸阻，但劉邦主意已定，群臣說什麼也不聽。這時，御史大夫[243]周昌出面極力勸阻，劉邦便問他有什麼理由。周昌天生口吃，加之不服劉邦的決定，心中忿恨，說：「我口吃得厲害，說不好話，但我知道廢掉太子萬萬不可。陛下若是想廢掉太子，臣絕不奉令。」劉邦聽周昌結結巴巴說了半天，臉都漲得通紅，不由得哈哈大笑。呂后聽說此事後，十分感激周昌，特意召見周昌，道謝說：「今日要不是有您勸阻，不然，太子之位就保不住了。」

　　漢高祖十二年，諸侯王英布起兵反漢，劉邦率軍討伐，不久凱旋。在戰鬥中，劉邦受傷，再加上舊疾未癒，身體一日不如一日。同年，劉邦在長樂宮駕崩。劉盈順利地當上了皇帝，即漢惠帝。正所謂「母以子貴」，劉盈當上了皇帝，呂后自然成了皇太后。此時，漢惠帝年紀不大，毫無駕馭群臣之能，呂后自然出面輔政。這下，呂后大權在握，開始了報復行動。

　　呂后派人將戚夫人逮捕，關在一條深巷中，命人削去她的頭髮，為了防止她逃跑，又用鐵鍊鎖住她的脖子，讓她穿

243　御史大夫：負責監察百官，代表皇帝接受百官奏事，管理國家重要圖冊、典籍，代朝廷起草詔命文書等。

上囚犯的衣服，像奴隸一樣，做春米 [244] 的苦活。同時，呂后又派使者召趙王劉如意入宮，想要殺害他。

當時輔佐劉如意的是相國周昌。周昌深知呂后的陰謀，便藉口劉如意染病，派使者三次來請，皆無功而返。呂后一計不成，又生一計，先派使者召周昌，周昌不得不去。等周昌一到長安，再召劉如意。劉如意已失周昌，無人為他做主，只能應命來到長安。

漢惠帝性格仁厚，對這位同父異母的兄弟很有感情。他知道呂后痛恨戚夫人，戚夫人受春米之罪，也是她所為，而劉如意一到，呂后必不肯放過。為了防止呂后加害劉如意，漢惠帝親自前去迎接劉如意入宮，與自己同吃同住，形影不離，呂后一直找不到殺劉如意的機會。

漢惠帝元年，冬十二月，一天，漢惠帝要出宮射獵，天氣尚早，劉如意依然酣睡不醒，漢惠帝不忍喚醒他，便帶著侍衛獨自出宮。呂后趁此機會，命人為劉如意灌下毒酒。等漢惠帝射獵歸來，劉如意已七竅流血，魂歸三界！劉如意一死，戚夫人也絕無活路。呂后下令砍斷戚夫人的手足，挖出雙眼，熏聾兩耳，毒啞喉嚨，關在廁所，並命名為「人彘」。

過了幾日，呂后特意請漢惠帝前來觀看，漢惠帝初次聽聞「人彘」，不知是何物，心中甚是好奇，便去看了。然

244　春米：把穀子放在春米桶內用春米杵砸出殼的過程。

而，但漢惠帝得知「人彘」就是戚夫人時，大哭一場，從此一病不起。一年後，漢惠帝病體好轉，對呂后說：「人彘之事，非人所為。有你這樣的母親，我無顏治理天下！」

從此，漢惠帝一心沉溺於酒色，不再過問朝政，在位七年後鬱鬱而終。

【古今通鑑】

> 歷史上對呂雉的評價褒貶不一。呂雉心狠手辣，肆意誅殺諸將，毒死趙王劉如意，慘害戚夫人，其心腸之狠毒、手段之殘忍，曠古未聞。但同時，她也是一位有政治抱負，有謀略的女政治家，她輔佐劉邦治理天下，出謀劃策，能謀善斷，成為劉邦不可缺少的得力助手。劉邦死後，她臨朝稱制，內修政理，外禦匈奴，為國家做出了很大貢獻。

═ 三家分晉智伯喪命 ═

春秋末期，各個諸侯國之間進行了長期的爭霸戰爭，一些國力衰微的小國很快就被強盛的大國吞併了。而曾經稱霸中原的晉國現在霸氣全無，君王大權旁落，由六家大夫[245]執

245　大（ㄉㄚˋ）夫：古代官名。

掌朝政。他們各自有自己的地盤和軍隊，為了擴大自己的勢力，他們互相攻打，最後兩家被打敗，剩下智家、趙家、韓家、魏家。而這四家中，智家兵多將廣，實力最為雄厚。

大夫智伯是個野心家，他嫌自己的土地不夠多，疆域不夠廣，便找藉口對三家大夫趙襄子、魏桓子、韓康子說：「想當年晉國獨霸中原，眾多諸侯國莫不臣服，如今卻……」說著，智伯看著他們三人，長嘆一口氣說：「以我之見，為了讓晉國盡快強大起來，恢復霸主的地位，我們四家應該各自拿出一百里的土地歸於國家。」

三家大夫都是飽讀詩書之人，對智伯的詭計心知肚明：他是想以國家的名義吞併三家的土地啊。韓康子深知自己勢單力薄，與智家對抗，無異於以卵擊石，為了明哲保身，他讓出了一些土地。魏桓子出於同樣的心理，也讓出了一些土地。只有趙襄子卻不亢不卑地說：「土地乃祖輩用性命換來的，豈可輕易送人！」說罷，拂袖而去。智伯勃然大怒，一掌拍在桌子上，桌子上的酒樽碟箸跳得老高，隨即惡聲命令韓康子和魏桓子一起發兵攻打趙家，並許諾勝趙之後，由三家平分趙家的土地。兩人不敢違背，領命而去。

西元前四五五年，智伯率領中軍，魏桓子的軍隊擔任左路，韓康子的軍隊擔任右路，將趙家的都城晉陽[246]圍了個水

246　晉陽：今山西省太原市。

泄不通。趙襄子見大兵壓境，死守不戰。每逢三家士兵搭梯攻城時，城頭上萬箭齊發，三家士兵死傷無數，卻沒有辦法攻下城池。就這樣，趙襄子憑著強弓硬弩屢次擊退三家軍隊的進攻，死守兩年多。

終於有一天，事情出現了轉機。一天，智伯登上一處山地觀察地形，忽然看到晉陽城東北方向那條波濤洶湧的晉水，心念一動，有了破城的主意：如果想辦法挖一條渠道，將晉水引到西南邊，不就能把晉陽城淹了嗎？立刻命令士兵挖地通渠，將水引到晉城，又在上游修築大壩，攔住上游的水。

等渠道挖通後，又逢天降大雨，水壩裡很快便儲滿了水。智伯見狀不禁高呼道：「真乃天助我也！」遂令人將大壩挖開豁口，大水立刻向晉陽城洶湧地奔去。不多時，城裡的房屋被水盡悉淹沒，百姓們紛紛逃往高處避難，他們恨透了智伯，紛紛向趙襄子表示：誓於城池共存亡，寧可被水淹死，也絕不投降智伯。

韓康子和魏桓子察看水勢時，不禁暗自心驚，各自擔憂。原來魏家的封邑[247]安邑[248]和韓家的封邑平陽[249]旁邊各有一條河，誰能保證智伯有一天會不會用同樣的手段來對付他們呢？

247　封邑：古時帝王賜給諸侯、功臣的領地。
248　安邑：今山西夏縣。
249　平陽：今山西臨汾縣。

此時晉陽城裡的形勢越來越嚴峻了，糧食短缺，將士生病，眼看快要守不住了，趙襄子萬分著急。這時，謀士張孟說：「大夫不必擔憂，我願憑三寸不爛之舌說服韓、魏兩家反戈一擊，共同討伐智伯。」當夜，張孟潛出城外，見了韓、魏二人說道：「若是今天讓智伯攻下晉陽城，有朝一日，你們必會有同樣的下場。」韓、魏二人早有反智之意，如今聽張孟一說，正中下懷，遂三人密議攻打智伯的事宜。

第二天夜裡，趙、魏、韓三家按照約定好的時間開壩放水，淹沒了智軍營地，三家軍隊裡外夾攻，智軍大敗，智伯也在混亂中被殺。

【古今通鑑】

西元四五三年，趙、韓、魏三家聯手滅了智家，除了奪回自己的土地外，他們又三分晉家的土地。西元四○三年，周天子見木已成舟，無可挽回，便正式承認趙、韓、魏三家為諸侯。「三家分晉」意味著戰國時期的到來。

智伯是個有才無德之人，他貪婪、狂妄，以為打敗趙家易如反掌，卻未曾料到韓、魏兩家考慮到自己的利益，避免將來被智家吞併，會聯合趙國對付他，最終落了個家破人亡的下場。

═ 急報仇豫讓勇自刎 ═══════════

　　趙、韓、魏三家瓜分智家的土地後，趙襄子猶不解恨，割下智伯的頭顱，剝皮除肉，以漆塗之，作為酒器。豫讓聽說後，跪地泣血，對天起誓要為智伯報仇雪恨。

　　豫讓乃戰國時期晉國人，曾在范氏、中行氏家中做過一段時間的門客[250]，但未能受到重用，後來又改投智伯的門下，智伯以禮相待，又委以重任。豫讓乃知恩圖報之人，對智伯言聽計從，恭敬有加。如今恩公兵敗被殺，他豈有甘休之理？

　　豫讓改名換姓，假冒有罪之人，混入宮中，懷揣匕首，企圖以修廁所之名，伺機殺掉趙襄子。但趙襄子正要如廁時，突然心頭一顫，有大禍臨頭之感，便命人搜查宮中，豫讓被擒。

　　趙襄子的侍衛欲殺豫讓，趙襄子卻阻攔道：「豫讓一心為故主報仇，此乃忠義，我不能殺他。」便放豫讓出宮。

　　豫讓刺殺不成，心有不甘，再次謀劃復仇。為了改變容貌，他用黑漆塗身；為了改變聲音，他口吞火炭，喬裝成乞丐，沿街乞討，等待時機。但一連等待幾天，始終不見趙襄子出行，倒是無意中看到趕集的妻子，他躲避不及迎面碰

250　門客：門客作為貴族地位和財富的象徵最早出現於春秋時期，那時的養客之風盛行。每一個諸侯國的公族子弟都有著大批的門客，如楚國的春申君、趙國的平原君、魏國的信陵君、齊國的孟嘗君等。

上，卻發現妻子只是憐憫地看了他一眼就走了。豫讓這才明白妻子沒認出他來。

一次，豫讓在街上四處遊蕩時，遇到一位老友，便上前打招呼。老友仔細端詳他半晌，才認出他來，大驚道：「以你之才，若是假意投靠趙襄子，他必會重用你，那時再替故主報仇豈不是易如反掌？你何故這樣虐待自己呢？」

豫讓凜然說道：「大丈夫立身於天地之間，當以忠義為先，倘若我投靠趙襄子，則應當忠心不二，絕不能陰違陽奉。我自認為自己不是卑鄙小人，所以絕不會用這樣手段復仇。」

一天，豫讓收到趙襄子明日要出宮視察的消息，豫讓又以重金賄賂宮中一位侍衛，得到了趙襄子的出行路線，連夜潛伏在趙襄子必然經過的一座橋下，準備再次行刺。

次日，趙襄子果然在眾多侍衛的簇擁下出宮巡遊，一路鳴鑼開道，穿過幾條街道，趙襄子騎馬先行侍衛一步，轉過一個彎，正要過橋時，馬突然受驚，後蹄倒立，前腿騰空，把趙襄子甩在地上，豫讓從橋下一躍而出，持劍砍殺趙襄子。千鈞一髮之際，趙襄子的侍衛趕到，各持大盾擋住豫讓的攻勢，護住趙襄子，與豫讓戰在一起。豫讓見刺殺又不成功，勃然大怒，索性大開殺戒，立時，連斬數十名侍衛。趙襄子眼見身邊侍衛愈來愈少，不禁大駭，朝一名侍衛喝道：

第八章　慨嘆命運篇

「還不快去搬救兵！」侍衛得令，退出陣中，一躍上馬，飛奔而去。

趙襄子拔劍自衛，命侍衛且戰且退。豫讓此時已殺紅了眼，緊追不捨，死戰不退，不時有侍衛被砍翻倒地，慘呼不已。此刻，只有兩名侍衛與豫讓苦戰，眼見快要支撐不住了，這時一隊騎兵殺到，旗幟鮮明，甲冑閃光，為首的正是那位前去搬救兵的侍衛。豫讓眼見情勢危急，朝後一躍，轉身欲逃，卻被騎兵團團圍住哪裡逃得了？豫讓此時已力竭，戰不多時，便被擒獲。

趙襄子驚魂初定，大罵道：「你真乃野性不改！當初你在范氏、中行氏家裡做門客，智伯縱兵滅了他們，你不為他們報仇，反而轉投到智伯的門下；如今，你為何不投靠我，而非要為智伯報仇？」

豫讓道：「當初我拜在范氏、中行氏家中，他們卻視我為奴僕，呼來喚去；而智伯對我有知遇之恩，奉我為上賓客，待我恩重如山，我若不替他報仇，天誅地滅！」說罷，伏地泣血道：「我請求你脫下衣服，讓我用劍一刺，以了卻我為故主的復仇之願！」

趙襄子嘆道：「智伯能得如此壯士真乃三生有幸！」遂答應了豫讓的請求。豫讓拔劍連刺衣服三劍，仰天大笑道：「大仇已報，我可以含笑九泉矣！」言罷，自刎而死。

【古今通鑑】

　　亂世既出梟雄，也出俠客。一些俠客為了情義、道義乃至國家的興衰存亡，往往能挺身而出，視死如歸。豫讓對故主的知遇之恩沒齒不忘，為之報仇不成自刎成仁；聶政成功刺殺相國俠累後，為了不連累姐姐，臨死之前，自行挖出眼珠，毀壞面容。唐代大詩人李白在〈俠客行〉寫道：「十步殺一人，千里不留行。事了拂衣去，深藏身與名」，這樣的俠客注定要受到後人的敬仰。

＝真名士從容赴國難

　　陸機，字士衡，吳縣[251]人，西晉文學家，與其弟陸雲皆以文章冠絕當世，人稱「二陸」。

　　成都王司馬穎仰慕「二陸」之才，特意納入自己幕下，期間陸機擔任過平原[252]內史[253]，陸雲擔任過清河[254]內史。

　　西晉末年，晉惠帝司馬衷昏庸不堪，晉室司馬氏同姓王之間為爭奪中央政權，爆發了歷史上有名的「八王之亂」。

251　吳縣：今江蘇蘇州。
252　平原：今位於山東省西北部。
253　內史：古代官名。
254　清河：今位於河北省東南部。

第八章 慨嘆命運篇

西元三〇三年，八王之一的司馬穎聯合河間王司馬顒，討伐長沙王司馬乂（一ˋ）。司馬穎率兵駐守在朝歌[255]，任命陸機為前鋒都督，率軍中郎將王粹、將軍牽秀等人的軍隊二十萬，向南進軍，進逼洛陽。陸機本是一介文人，本在司馬穎門下當幕僚，此次一下手握重權，自然無法服人，王粹多有異議，遂導致全軍皆生二心。十月初九，陸機與司馬乂在建春門[256]展開激戰，結果陸機的軍隊大敗而回。

當初，宦官孟玖為人玲瓏八面，深得司馬穎的信任，孟玖曾想讓他的父親出任邯鄲縣令，當時所有人都畏懼孟玖的權勢，沒有人敢出面反對，只有陸雲極力勸阻，司馬穎才沒有同意，從此，孟玖對陸機恨之入骨。當時，戰鬥還未開始，孟玖之弟孟超擔任小都督，隨軍出行，他仰仗其兄的勢力，自領萬餘兵馬，一路縱兵搶掠。陸機遂下令收捕帶頭違法的將士。孟超得知後，勃然大怒，當即率領百餘鐵騎，衝入陸機麾下，將違法將領奪回，並大罵陸機道：「狗奴才，看你還能做幾天都督！」謀士孫拯勸陸機斬殺孟超，以肅軍紀，陸機沒有聽從。

孟超四處揚言說：「陸機有謀反之心。」又寫信給孟玖，誣陷陸機有叛變之意，以至於軍隊遲遲無法取勝。等大戰開始後，孟超不聽從陸機調度，私自帶兵深入敵境，結果導致

255　朝歌：古地名，位於河南省北部鶴壁的淇縣。
256　建春門：古代洛陽城門名。

大敗，全軍覆沒。孟玖收到敗報，以為是陸機殺了孟超，便向司馬穎進讒言說：「陸機與長沙王勾結，心懷不軌，因此大軍遭此慘敗。」牽秀素來奉承孟玖，又怕兵敗受到司馬穎的責罰，便將失敗的原因，都推到陸機身上。司馬穎大怒，當即命牽秀去抓捕陸機。

參軍王彰上前一步，進諫道：「今日一戰，雙方力量對比懸殊，就連愚蠢之人也能看出最後誰能勝利，更何況是陸機那樣聰明的人呢？只因陸機是吳地人，您又過於重用他，引起了北方舊將的不滿，所以才有此敗。所以，您不如放他一馬，讓他將功贖罪。」司馬穎不肯聽從。陸機聽聞牽秀來了，脫下軍服，戴上素色白帽，出迎牽秀，又寫信給司馬穎辭別，寫畢，仰天長嘆道：「故鄉華亭鶴聲，還能再聽到嗎？」言罷，從容受縛，被牽秀當場處死。司馬穎又下令殺了陸雲，並滅了陸機三族。隨後又將孫拯逮捕入獄，並對其嚴刑拷打，直至皮開肉綻，踝骨露出，血流不止，但他仍然大呼陸機冤枉。獄吏於心不忍，勸道：「『二陸』蒙受不白之冤，所有人都知道，先生怎麼如此不愛惜自己的身體呢？」

孫拯仰天嘆道：「陸機兄弟乃當世奇才，我有幸承蒙他們的知遇之恩，今天既無法相救，又怎能忍心誣陷他們呢？」孟玖知道孫拯性情剛烈，無法使其屈服，便命獄吏偽造了一份假證詞，呈給司馬穎。司馬穎剛殺「二陸」，心裡有些後

悔，見了孫拯的供詞後，大喜，對孟玖說道：「要不是你的忠誠，我是無論如何也辨識不了這些奸詐之徒的真面目。」於是又殺孫拯，並滅其三族。

【古今通鑑】

　　「二陸」之死是南北士人的地域歧視和與奸佞爭鬥的結果。身為南方人，他們一向受到各種歧視，後頓居北方人之上，必然引起各種不滿和攻擊。他們身為剛正不阿的士人，必然要與奸佞爭鬥，並取得了北方士人的同情和支持。但他們除了司馬穎的信任之外，朝中沒有自己的勢力，勢單力薄，因此，一旦宦官孟玖等人誣陷他們心懷二心，他們的悲劇就無可避免地發生了。

═ 諸葛亮命殞五丈原 ═

　　魏明帝青龍二年（西元二三四年）二月，諸葛亮親率十萬蜀軍討伐魏國。魏明帝曹叡派司馬懿率兵抵抗蜀軍，臨行前，曹叡又叮囑道：「一定要固壘自守，不能和諸葛亮硬拚。要牽制住他的主力，使其進退兩難，時間久了，蜀軍士氣必衰，諸葛亮定會退兵，那時，我們再乘勝追擊，必然能大獲全勝。」

　　司馬懿與諸葛亮在五丈原[257]相持一百餘日，諸葛亮多次派人送出戰書，促使司馬懿出陣迎戰。司馬懿卻始終堅守營壘，不肯出戰，諸葛亮便派人把婦女用的首飾和衣服送給司馬懿，侮辱司馬懿膽小如同婦人，想藉此激怒司馬懿應戰。司馬懿勃然大怒道：「諸葛亮老匹夫竟然視我為婦人，是可忍，孰不可忍！」遂上書魏明帝，要求出戰。魏明帝便派衛尉[258]辛毗執持皇帝符節，擔任軍師，來到魏軍，制止司馬懿的行動。

　　護軍[259]姜維對諸葛亮說：「辛毗手持魏國皇帝符節前來，司馬懿不可能應戰了。」諸葛亮說：「司馬懿老謀深算，他原來就沒有應戰之意，他之所以上表請戰，是想藉皇帝權威，使部下信服。將在外，對皇帝之命有時候可以不接受。假如他有把握打敗我軍，豈有千里之外請求魏主出戰之理？」

　　見司馬懿不中計，諸葛亮便派使者到司馬懿軍中打探消息。司馬懿厚待來使，閉口不談打仗之事，卻關心地詢問諸葛亮吃飯睡覺的情況，以及每天處理事務多少。使者如實道：「丞相每天天不亮就起床，忙到半夜才就寢，凡是二十板的軍法處分，都要親自閱覽裁決，每天進食不過幾小碗。」

　　諸葛亮病勢沉重，以至於臥床不起。後主劉禪聽聞後，

257　五丈原：位於陝西省寶雞市岐山縣五丈原鎮境內。
258　衛尉：古代官名。統率衛士守衛宮禁之官，隋以後改掌軍器、儀仗等事。
259　護軍：中國古代的高級軍事長官的官名。

第八章　慨嘆命運篇

忙派遣尚書僕射李福前來探望，並詢問國家大計。李福即到，與諸葛亮商討完畢，便返報後主。沒過幾天，李福又返了回來。

諸葛亮說：「我知道你為何要返回，前幾日我們雖然做過長談，但是有些事情還沒有交代清楚，所以你現在特意來聽取我的決定。你要問的事情，可以聽取蔣琬的意見。」

李福又問道：「蔣琬之後，誰還可以擔任國家大任？」諸葛亮說道：「費褘（一）。」李福又問費褘之後，諸葛亮卻不再作答。

諸葛亮夜觀天象，忽見一顆慧星，劃破天際，自東北而來，急速流至西南，欲墜落於蜀營，不禁淚流滿面道：「亮命休矣！只恨不能與諸公討賊了！」說罷，口吐鮮血，左右見其力竭不能支，忙扶其入帳歇息。

諸葛亮深知大限將至，將姜維、楊儀召來，密囑後事，以及退軍方法。同年八月，諸葛亮在五丈原軍營逝世，年僅五十四歲。姜維、長史[260]楊儀遵照諸葛亮的遺囑，祕不發喪，拔寨撤兵。早有魏軍探子將此事稟告司馬懿，司馬懿聽聞諸葛亮已死，當即整頓兵馬，放膽來追。

姜維見魏軍追上，便命楊儀調轉軍旗，擊鼓吶喊，好像要應戰。司馬懿生性多疑，以為諸葛亮未死，引誘自己

260　長史：是中國歷史上職官名，其執掌事務不一，但多為幕僚性質的官員，亦稱為別駕。

中計，當即拍馬奔逃，魏兵丟盔棄甲，倉皇逃命，跑了十幾里，不見蜀兵來追，這才停住。此時，楊儀早已退入斜谷[261]，揚起白旗，為諸葛亮發喪。司馬懿又領兵去追，可哪裡還能追得上，只好引兵返回。途中，有孩童唱道：「死諸葛嚇走活司馬！」

司馬懿聽到後，也不惱怒，自我解嘲道：「我能預料他活著的事情，但無法預料他死後的事。」司馬懿又查看蜀軍殘留的營壘，布置有方，攻守皆備，不由嘆道：「孔明真乃天下奇才！」

【古今通鑑】

諸葛亮先後七擒孟獲，平定南中地區。後方穩固之後，諸葛亮為了完成先主劉備光復漢室的宏願，他四出祁山伐魏，卻都是無功而返。西元二三四年，諸葛亮第五次出兵祁山，與司馬懿相持於五丈原。此時的諸葛亮雖然用兵如神，指揮若定，但他卻更加謹小慎微，披肝瀝膽，唯恐無法報答劉備的知遇之恩，最終病死在五丈原的軍營中。「出師未捷身先死，長使英雄淚滿襟」，諸葛亮帶著無限遺憾離開了人世。

261　斜谷：山谷名。在陝西省終南山。

＝吳起三逃終成功名 ＝

　　吳起，戰國時期著名的政治家、軍事家，曾拜曾子[262]為師。吳起不僅聰明，而且通曉兵法。起初，他離開衛國，去魯國為官，但一直沒能得到重用。

　　西元前四一二年，齊國派重兵攻打魯國。魯國國君大驚，召集群臣商議退敵之策。這時，有人向魯君舉薦了吳起。魯君早就耳聞吳起有將帥之才，有意任命他為將，但是又顧及到吳起的妻子是齊國人，萬一有所不測，吳起會不會反魯投齊？群臣得知魯君的擔憂，紛紛進獻計策，但沒有一個可行的。

　　一心想成就功名的吳起聽聞此事後，看著賢慧的妻子，心中翻轉不定，在命運轉折的十字路口，他拋棄了妻子，向魯君表示和齊國再無瓜葛，定能無所顧忌專心用兵。魯君這才放了心，遂命吳起為大將。不久後，吳起率領魯國的士兵，打退了齊國的進攻。

　　魯國之圍既解，吳起的地位自然水漲船高，得到了魯君的寵信。然而吳起的得勢卻引起了一些小人的嫉妒，紛紛向魯君進讒言道：「君王，吳起是個小人，萬萬不能再重用了，否則後果不堪設想。當初，吳起拜在曾子門下學習儒學，後來他的母親去世，他竟然不回家奔喪。正因為如此，曾子

262　曾子：孔子的弟子。

才與他斷絕師徒關係，把他逐出師門。這時的吳起已經到了山窮水盡的地步，可他聽聞您賢明有德，需要能帶兵打仗之人，他便苦學兵法來臣事您。後來您對他有所懷疑，他竟然手刃妻子，以此來爭取將軍之位。君王，若是讓這種不孝、不義之人得勢，魯國危矣！」魯君聽了深信不疑，遂對吳起有了輕慢之心。

吳起也感到了魯君對自己日漸冷淡，深知一定是有小人挑撥離間，此時若不走，必會為小人所害，遂前去投奔魏文侯。魏文侯當時正廣招賢士，得知吳起前來，自是十分歡喜，遂問左右侍臣道：「吳起為人如何？」大臣李悝上前一步說道：「吳起貪財又好色，而且心狠手辣，但此人是少見的軍事天才，乃當世孫武 [263]，君王不妨用其所長。」就這樣，魏文侯任命吳起為將，領兵攻打秦國，攻下五座城池。

然而好景不長，魏文侯死後，吳起繼續為他的兒子魏武侯效力。魏武侯的妹夫公叔非常嫉妒吳起，和一個僕人密謀算計吳起。吳起無奈，為了明哲保身，他又投奔到了楚國。

楚悼王早就聽說過吳起的名氣，知道他是個難得的人才，所以吳起剛到楚國，楚悼王親自出城迎接他，邀他同坐一輛馬車入宮，然後又任命他為相國，掌管國家大事。剛剛上任時，吳起頒布了嚴明的法紀，撤掉一批閒散官員，又疏

263　孫武：春秋時期吳國著名將領，有傳世巨著《孫子兵法》，為後世兵法家所推崇，被譽為「兵學聖典」。

遠一些不相干的貴族遠親，用節省下來的錢獎勵有戰功之
人。在吳起一系列的改革下，楚國越來越強大，東征西討，
各個諸侯國無不懾服。

　　楚國得吳起之後，才迅速崛起，盛極一時。然而吳起在
改革的過程中觸犯了楚國貴族的利益，他們非常痛恨吳起，
一直暗中尋找機會除掉他。

　　西元前三八一年，楚悼王去世，楚國的貴族和大臣們得
知後，迅速集結軍士，入宮斬殺吳起。吳起戎馬一生，應變
之能無人能及，他知道宮門早已被封閉，無法逃走，遂返身
伏在楚悼王的遺體上號啕大哭，意在讓叛亂者有所顧忌，叛
亂者若是用箭射殺吳起，必會射中楚悼王，如此一來，誰是
叛亂者立見分曉。然而，那些貴族和大臣雖有些忌憚，但深
知當斷不斷，反受其害的道理，遂下令射殺了吳起。

　　楚悼王葬後，楚肅王繼位，那些射殺吳起的人全部
誅殺。

【古今通鑑】

　　吳起一生在魯、魏、楚三國出將入相，東征西討，
屢戰屢勝，從無敗績，顯示出了非凡的軍事才能。他當
了將軍後，治軍嚴明，能與兵卒同甘苦共進退，贏得了
部下的尊敬和崇拜。他才華橫溢，功績卓著，在生命的

最後時刻，還擺了對手一道，借用楚肅王之手殺了那些貴族、大臣，替自己報仇雪恨，心機可謂深不可測。馮夢龍有詩嘆吳起道：「為國忘身死不辭，巧將賊矢集王屍。雖然王法應誅滅，未報公仇卻報私。」

═ 石虎誅子縱火焚屍 ═════════

　　石虎，字李龍，是五胡十六國時期，後趙的第三位皇帝。他是後趙開國君主石勒的姪子。石虎生性殘暴，身子矯健，弓馬嫻熟，有萬夫莫敵之勇，每次攻克一座城池後，他必會將城中的百姓和官史全部屠殺。石勒在襄國[264]稱帝後，立長子石弘為太子，石虎因為多立戰功，被授為太尉，並被封王。

　　石虎野心勃勃，自認為後趙的天下都是他打下來的，因此非常不滿手無寸功的石弘。因此，石勒剛駕崩，石虎便廢殺石弘，自立為帝。

　　真是有父必有其子，石虎的幾個兒子個個凶殘無比，更甚其父。太子石邃秉性陰沉，殘忍無比。他經常挑選一些漂亮的女子，強迫她們陪自己喝酒，醉酒後，又將她們斬首洗血，把頭顱裝在盤子上，傳給眾賓客看，欣賞完畢，又將她們的軀體當作豬羊一般，洗淨肢解，放在鍋中烹煮，賜給眾

264　襄國：今河北邢臺。

第八章　慨嘆命運篇

賓客品嘗。石虎對石邃的種種惡行，從未放在心上，但對他小的過失卻揪住不放，動輒破口大罵，甚至拳腳相加。

石邃無端受到父親的責罰，心中自是不平，時間一長，竟生怨恨之心，欲殺掉石虎。不料，機事不密，事情敗露，石虎當夜派兵殺了石邃及其全家二十六餘人。

太子石邃被殺後，石虎又立石宣為太子。石宣飛揚跋扈，與石虎談話時，常常面露傲色，石虎便有意改立另一個兒子石韜為太子，石韜聽說此事後，心中暗喜，變得更加傲慢無忌。

一次，石韜在府中修建了一座宮殿，規模宏大，氣勢非凡，僅橫梁就長達九丈，石韜命名為宣光殿。石宣聽說後，認為宮殿的名字冒犯了他的名諱，暴跳如雷，當即帶兵闖入石韜府中，斬殺工匠，截斷橫梁，揚長而去。

石韜得知後勃然大怒，命令工匠把橫梁加長到十丈。石宣聽說後，咆哮道：「石韜自恃得到父寵，處處壓我一頭，真是欺人太甚！」當即召來親信楊杺、牟成、趙生說：「石韜剛愎自用，從不把我這個太子放在眼中，你們若能殺了他，我一定將他的封地全部都分給你們。石韜一死，主上必會親臨哀悼，到時我趁機把他殺掉，那時天下就是我的了，榮華富貴自然少不了你們的。」楊杺等人齊聲說道：「我等甘為太子赴湯蹈火！」石宣大喜，便命楊杺等人偵查石韜行蹤，伺機行事。

這年八月的一天，石韜與同僚下屬會宴東明觀，酒過三巡，石韜忽生感慨，長嘆道：「人生無常，別易會難，請諸君開懷暢飲，不醉不歸！」說至此，竟涕泗橫流，不能自已。眾賓客聽了，都大驚失色，不知是何緣故。一直飲至深夜，眾賓客散去，石韜已酩酊大醉，就宿於佛精舍中。石宣趁此機會，派杯等人潛入佛精舍中，殺了正在酣然大睡的石韜，扔下刀劍回報石宣。

次日，石虎收到石韜死訊，如聞驚雷，頓時昏厥在床上，宮人七手八腳，一陣施救好半天，石虎才甦醒過來。當他準備出臨石韜喪事，大臣李空勸阻道：「害死石韜之人，現在還不知道是誰，臣料想必是禍起蕭牆，肘腋生變，陛下萬萬不能輕率出宮，應盡快緝拿凶手。」石虎聽了，嘆息道：「我被失子之痛沖昏了頭腦！」於是，他一面命士兵加強戒備，一面派官員為石韜治喪。

不多時，便有近侍密報說，石宣去佛精舍中悼念石韜時，不僅沒有悲傷的神情，反而揭衾[265]觀屍，仔細端詳，大笑一陣後，揚長而去。石虎正左右疑惑間，又有近侍密報說，石宣從佛精舍中歸宮，立即命人逮捕了大將軍鄭清、尹武等人。石虎大驚道：「想必是石宣為了開脫自己，準備委罪於他們。」說著，便要召石宣入宮，又擔心他不來，便派人哄騙他說，杜太后因失去兒子悲傷過度，生命垂危，讓他火

265　衾（ㄑㄧㄣ）：屍體入殮時蓋屍的東西。

第八章　慨嘆命運篇

速進宮探望。

石宣自然沒有察覺已被懷疑，當即入宮，便被石虎軟禁起來。石虎又下令逮捕石宣的門客。當時，楊杯、牟成等人，已聞風連夜逃走，只有趙生遲走一步，被逮捕入獄。嚴刑拷問之下，趙生將他們如何與石宣密謀殺害石韜的過程，全盤托出。石虎聽罷，悲憤異常，命人用鐵環穿透石宣的腮幫，鎖在柱子上，又取來殺害石韜的刀劍，讓他舔上面的血跡，石宣徹夜哀鳴嚎哭，聲震內外。

過了幾天，石虎又命人在鄴城北邊，堆積柴薪，用繩子捆住石宣的雙腿，用轆轤將他倒吊在柴薪上，又命石宣平日最寵愛的兩個太監郝稚、劉霸行刑。兩人一把把揪下石宣的頭髮，又拔其舌，斷其足，然後挖出雙眼。起初，石宣還能哀嚎幾聲，到後來血流將盡，已不見絲毫動靜，兩人又在柴薪周圍點火，頓時濃煙四起，火光沖天。石虎則帶領後宮嬪妃以及文武百官數千人，同登高台，觀看行刑過程。

等大火熄滅，石虎又命人將石宣的骨灰，分別撒到各個十字路口，任人踩踏。殘殺石宣後，石虎又殺了石宣的妻子兒女九個人。除此之外，石虎又下令將石宣宮中的侍衛太監三百餘人，處以車裂之刑，肢體全部丟到漳水裡。

此事過去不久後，嗜血殘暴的石虎便身染重病而亡，僅僅持續了三十二年的後趙便亡了國。

【古今通鑑】

古代的宮廷爭鬥異常殘酷，也許正是如此，皇族之間更容不得半點心慈手軟，否則必然會成為爭鬥的犧牲品。但縱觀歷朝各代，像石虎父子如此殘暴的互相殘殺，真是絕無僅有！一個「權」字讓石虎父子反目成仇，失去理智，任性而為，結果葬送了自己的性命的同時，也亡了國。

邊塞行李陵征匈奴

李陵是飛將軍李廣的孫子。李陵擅長騎馬射箭，武藝精湛，而且十分愛護手下的士兵，所以他在軍中甚有威望。漢武帝劉徹覺得他有祖上風範，任命他為騎都尉[266]，率領楚兵五千人，在酒泉[267]、張掖[268]一帶，練習騎馬射箭，防禦匈奴。

漢武帝天漢二年（西元前九十九年）秋，漢武帝派貳師將軍李廣利率領騎兵三萬征討匈奴，遣李陵為李廣利護送輜重。李陵卻不願做李廣利的部下，向漢武帝主動請纓，說自

266　騎都尉：武官官名。
267　酒泉：今位於甘肅省西北部河西走廊西端的阿爾金山、祁連山與馬鬃山（北山）之間。
268　張掖：今位於甘肅省西北部，河西走廊中段。

第八章 慨嘆命運篇

己願意率領所部，獨立成軍，分擊匈奴。漢武帝很欣賞他的勇氣，答應了他的請求。

九月，李陵率領五千人來到浚稽山[269]時，與匈奴單于的三萬騎兵遭遇，匈奴用大軍將李陵的軍隊包圍在兩山之間。李陵見匈奴的兵力是自己的數倍，便下令以輜重布營，前面士兵手持矛和盾，後面的士兵手持弓箭。匈奴見漢軍人少，便下令猛攻，漢軍千弩齊發，匈奴兵多半被射倒，匈奴開始潰敗，李陵乘勝追擊，斬殺匈奴幾千人。

匈奴單于大驚，急忙調集部下八萬餘騎兵攻打李陵。李陵率軍且戰且退，與匈奴軍大戰數百回合，又斬敵三千餘人。李陵行軍十幾天，最後退到一個蘆葦叢中。匈奴馬上順風縱火，立時，蘆葦叢中便燃起了熊熊大火。風助火勢，火仗風威，向著李陵的軍營，鋪天蓋地燒了過來。李陵臨危不亂，命兵士先燃身邊的蘆葦，各自燒出一塊藏身空地，得以自救。匈奴單于見火攻沒奏效，繼續堵截漢軍，結果又被漢軍殺了幾千人。匈奴單于見李陵軍隊作戰勇猛，且一路南下，漸近漢塞，懷疑會有埋伏，便有了退兵之心。

就在這節骨眼上，李陵軍中卻出現了一個叫管敢的叛徒。他因違反軍紀，被都尉韓延年責罰，心生怨恨，竟去投降匈奴，說李陵沒有援兵，弓矢也快用完了，將士十有九

269　浚稽山：約在今蒙古國境內戈壁阿爾泰山脈中段。

傷，如果派弓箭手圍攻，必破無疑。匈奴單于大喜，當即挑選銳騎數千，圍攻漢軍，並齊聲高呼道：「李陵、韓延年快快投降吧！」

　　李陵見情形危急，率軍拚死抵抗，邊打邊往南撤退，匈奴騎兵緊追不捨。這時，李陵的部隊只剩三千餘人，五十萬支箭已射盡，缺乏兵器。李陵只好丟下輜重糧草，命士兵拆下車上的輻條，充當武器，和匈奴作戰。

　　由於匈奴的進攻十分猛烈，李陵只好率兵退到一個峽谷中。匈奴單于為了徹底打垮漢軍，親率騎兵截住李陵的退路，並命人上山往下扔石頭。漢軍在峽谷中根本沒有迴旋的餘地，所以傷亡慘重。

　　到了晚上，李陵穿著便衣，走出營帳，對左右將士道：「你們不要跟著我，我要去匈奴的營地，非要把單于活捉不可。」話雖如此，但出營一看，四處盡是匈奴的陣營，絕不可能殺出去，只能返身長嘆：「形勢已無法扭轉，此番真要戰死在此地了！大丈夫立身於天地間，怎能輕易葬送自己的性命呢？我們絕不為匈奴人留下一點東西。」遂命人砍倒軍旗，把所有的財寶，掘地深埋。士兵們馬上按照李陵的話去做了。李陵又接著說：「若是有幾十支箭的話，我們就可以突圍了，但現在我們已沒有武器，如何再戰？等到天明，恐怕真的要被生擒了！大家不如分頭行動，說不定有誰還能逃回

第八章 慨嘆命運篇

長安,和陛下稟告一切!」

接著,李陵令每人帶一些乾糧和一些水,讓他們各自突圍。可是,還沒等他們行動,匈奴突然發動進攻,漢軍多數被殺死,李陵無奈之下投降了匈奴。

李陵在匈奴一年後,漢武帝派將軍公孫敖率兵攻打匈奴。公孫敖無功而返,對漢武帝說:「聽說李陵替匈奴訓練兵馬,準備攻打漢朝,所以,我沒能攻下匈奴。」漢武帝勃然大怒,下令誅殺了李陵全家。

就這樣,李陵再也沒能回到漢朝,最終客死異鄉。

【古今通鑑】

如果李陵當年戰死沙場或自盡,他必然會成為一個名垂青史的英雄。如果李陵誠心投降匈奴,倒也得個痛快。然而在當時忠君報國思想的影響下,李陵走上了一條良心飽受煎熬的不歸路。他的一生就是一個悲劇。他自認忠良之後,最後卻做了降將;他一心立功報國,光耀門楣,卻連累家人身首異處;雖然他在異族的地位尊崇,衣食無憂,卻難以消除心中的憤懣。他有國難歸,有志難酬,有口難辯。可悲!可嘆!

電子書購買

國家圖書館出版品預行編目資料

流傳千年的高竿玩法，資治通鑑也耍詐：紛擾
先秦 × 亂世三國 × 動盪南北朝 × 威武大唐，
當狡猾臣子槓上變態皇帝，究竟會鹿死誰手？ /
龔學剛著 . — 第一版 . — 臺北市：崧燁文化事
業有限公司 , 2023.04
面；　公分
POD 版
ISBN 978-626-357-226-3(平裝)
1.CST: 資治通鑑 2.CST: 歷史故事
610.23　　112003027

流傳千年的高竿玩法，資治通鑑也耍詐：紛擾先秦 × 亂世三國 × 動盪南北朝 × 威武大唐，當狡猾臣子槓上變態皇帝，究竟會鹿死誰手？

臉書

作　　者：龔學剛

發 行 人：黃振庭

出 版 者：崧燁文化事業有限公司

發 行 者：崧燁文化事業有限公司

E - m a i l：sonbookservice@gmail.com

粉 絲 頁：https://www.facebook.com/sonbookss/

網　　址：https://sonbook.net/

地　　址：台北市中正區重慶南路一段六十一號八樓 815 室

Rm. 815, 8F., No.61, Sec. 1, Chongqing S. Rd., Zhongzheng Dist., Taipei City 100,
Taiwan

電　　話：(02) 2370-3310　　　傳　　真：(02) 2388-1990

印　　刷：京峯彩色印刷有限公司（京峰數位）

律師顧問：廣華律師事務所 張珮琦律師

定　　價：375 元

發行日期：2023 年 04 月第一版

◎本書以 POD 印製